Lo *sucio* sobre
el sexo

Justin Lookadoo

  ·

Publicado por
Editorial Unilit
Miami, Fl. 33172
Derechos reservados

Traducción: Gabriela De Francesco de Colacilli

———————

———————

Producto 496808
ISBN 0-7899-1402-6
Categoría: Jóvenes/Jóvenes/Citas amorosas y relación sexual
Category: Youth/Youth Interests/Dating/Sex

Impreso en Colombia.
Printed in Colombia.

Justin es un orador estupendo que invierte su tiempo... claro... en hablar. Si te interesa que haga lo suyo en tu escuela, tu iglesia, tu negocio, en algún festival o lo que sea, contáctalo en: Justin Lookadoo-speakers@lookadoo.com-www.lookadoo.com-www.RUdateable.com-PO Box 832, Mineola, TX 75773.

¿Qué hay aquí *adentro?*

CORRECCIÓN:
Nos hemos dado cuenta que el uso de drogas y alcohol no es la razón principal del embarazo adolescente: el sexo adolescente sí lo es.

¿Qué más hay *adentro?*

contrario a la creencia popular

la hora de la verdad

CORRECCIÓN:

El sexo no es lo más importante para un adolescente, como dice el artículo titulado «El sexo es lo más importante para un adolescente». Al parecer, los adolescentes pueden estar muy excitados, ser terriblemente curiosos y tener hormonas suficientes en el cuerpo como para excitar a un paquidermo pequeño, pero hay otros asuntos que les importan. La educación es una de las cuestiones principales de esta lista de cosas súper importantes. Al igual que los deportes, Dios, los amigos, el futuro, la universidad, la seguridad en sí mismo y la felicidad. Ninguna de estas cosas mejora con el sexo. Les pedimos disculpas a los que se hayan sentido como raros perdedores por no estar siempre pensando en el sexo. Así que quítate el pijama del Hombre Araña y dile a tu mamá que te prepare el almuerzo, porque hoy puedes dar la cara en la escuela. No hay problema, ya le avisamos a tu profesora... pero le contamos lo del pijama.

Entérate de lo que nadie DICE

¡Oye, tú! Sí, tú, el que está leyendo este libro. Siéntate, tenemos que hablar. Escucha, hemos hablado acerca de muchas cosas juntos. Vimos cómo estar preparados para el *noviazgo*. Analizamos por qué las chicas son locas y los chicos son imbéciles. Tocamos asuntos importantes. Sin embargo, hay algo más de lo que tenemos que hablar. Lo he pospuesto, pero ya es hora, y creo que estás preparado. Tenemos que tener «la conversación».

Sí, sé que es incómodo, y para mí es tan incómodo como para ti. Pero aquí vamos.

El asunto es el siguiente: Hay unas abejas y... y unos pájaros. Verás, las abejas son... bueno, a ellas les gustan los pájaros. ¿Sabes? Quieren ser *más que solo amigos*. Es decir, les *gustan* en serio... Bueno, eso no tiene sentido. No sé nada acerca de pájaros y abejas.

Qué me dices de esto: Es como una flor. Sí, eres una hermosa flor. Y en primavera, te abrirás y florecerás.

Entonces, vendrá una abeja y hará lo que sea que hacen las abejas...

¡Puf! Comencemos de nuevo. Esto es lo que intento decir: Cuando un hombre y una mujer se aman, bueno, se «aman», y a veces esto hace que una semilla crezca en la mujer, y esa semilla se transforma en una flor que florece en primavera y una abeja viene y hace un bebé... ¡Ahhhh! No puedo hacerlo.

¡Olvídalo! El asunto es el siguiente: **Vamos a hablar de S.e.x.o.** Ya sabes, sexo. Has escuchado acerca de él. Has pensado en él. Lo ves emplastado en todos los medios de comunicación. Aun así, parece que nadie quiere hablar al respecto. Por supuesto, todos dan vuelta alrededor del sexo y se convencen de que están tratando los problemas. Sin embargo, seamos sinceros, no hay muchos que digan toda la verdad. Te dicen que te vas al infierno si lo haces o te dicen que explores cada impulso que tengas. Ambas cosas te dejan enredado, confundido y amargado. Yo no soy así. ¡Nanay! Vamos a mirar estos asuntos de frente y a contarte cómo son las cosas.

justin lookadoo
Justin Lookadoo
Autor en jefe
(en esencia, al que tienes que culpar si este libro te ofende)

Advertencia

para los que se ofenden con facilidad

Si eres una de esas personas que se ofenden con facilidad y prefieres que te doren la píldora con respuestas atenuadas que son lindas y adorables como un perrito faldero, **debes dejar este libro ahora**. Porque cuando le des vuelta a la página, tu perrito faldero se transformará en un pit bull enloquecido y te perseguirá con furia. Sí, es probable que te ofendas. Así que tal vez quieras conseguir un libro más suave e insípido acerca de temas sexuales. Este no es uno de esos.

Además, si estás leyendo este libro para encontrar todas las excepciones, no hay problema. Toda regla tiene un montón de excepciones y con estos temas sucede lo mismo. Así que si no tienes nada mejor que hacer con tu vida que enviarme un largo correo electrónico con una lista de todas tus excepciones, no te cohíbas. Hazlo. Lo leeré porque no tengo nada mejor que hacer con mi tiempo libre, pues también quiero burlarme de ti.

Para los que todavía siguen aquí, **comencemos con nuestra verdad acerca del sexo.** Tal vez quieras hacer algunos estiramientos antes de comenzar... no queremos que nadie se lastime. Y espera sin falta treinta minutos después de comer antes de comenzar. Bueno, aquí vamos.

Es auténtico. Es crudo. Es verdad. Es *Lo sucio sobre el sexo*.

vírgenes

¡Que se pongan de pie todos los vírgenes! Vamos. Estamos esperando. ¿Qué? Bueno, sabemos que no son todos. Faltan muchos. Tres de ustedes se pusieron de pie, y muchos más son vírgenes. A decir verdad, alrededor de la mitad de los que están leyendo este libro debieran haberse levantado.

Así es. Tal vez te sientas como el último virgen sobre la faz de la tierra, pero no lo eres. La verdad es que los estudios dicen que más o menos la mitad de todos los adolescentes ha tenido relaciones sexuales. ¿Pero sabes qué significa? ¡Alrededor de la mitad NO lo ha hecho! ¡Caracoles! ¿Cómo puede ser? Sé lo que estás pensando: Si tantas de las personas que me rodean son vírgenes, ¿por qué me siento como el virgen leproso y solitario? Bueno, me alegra suponer que preguntaste.

La locura de los medios ● ● ● ● ● ● ● ○

En primer lugar, y porque es lo más evidente, veamos los medios de comunicación. Ahora bien, no soy uno de esos que dicen que todos los medios de comunicación son satánicos. De ningún modo. Sin embargo, en este caso, tal vez sea cierto. Ya sabes lo difícil que es encontrar un DVD, un CD o una revista que no muestre algo de piel y hable de sexo. Parece que no hubiera otra cosa.

La gente dice que los medios de comunicación no influyen en el sexo adolescente. Es la misma gente que se queja de la propaganda que les hacen los medios de comunicación al cigarrillo. ¿Por qué? Porque admiten que los medios influyen en la decisión de las personas para fumar.

Un momento. No puedes decir las dos cosas. O influye o no influye. Y sí que lo hace. ◦ ◦ ◦ ◦ ◦ ◦ ◦ ◦ ◦ ◦ ◦ ◦ ◦ ◦ ◦ ◦ ◦ ◦

Los bocazas

Otro gran problema es el de los bocazas. Son los que tuvieron relaciones sexuales y no dejan de hablar al respecto. Si esto sucede a tu alrededor, debes saber que estas personas tienen grandes problemas para resolver.

Estamos de acuerdo en que el sexo es algo muy personal, así que si alguien le cuenta su experiencia a todo el mundo, hay varias posibilidades:

1. se sienten culpables y al convencerte a ti, intentan convencerse de que estuvo bien
2. quieren un estímulo para su ego que los haga sentirse como hombres
3. no entienden la conexión que implica el sexo.

Ninguna de estas razones es buena para andar contando intimidades. Y a gran escala, todo lo que se dice hace que parezca que más gente lo hace. No es así. Es solo que quien lo hizo habla más fuerte que los demás.

Los mentirosos

Entonces tienes los mentirosos. Ya los conoces. Son los que nunca tuvieron relaciones sexuales, pero por alguna razón se sienten mejor consigo mismos si les hacen creer a los demás que sí lo hicieron. ¿No es retorcido? Sí. Tienen serios problemas personales que debieran tratar. 𝒟

Mito #1

• • •

Todos
lo hacen
excepto tú.

Vírgenes
VIGILANTES

Está bien, no todos lo hacen. Entonces, ¿qué se supone que tienes que hacer? Grítale al mundo con todas tus fuerzas: «¡Hola, mundo, soy virgen!». Eh... no, no lo hagas. Algunos son así. Son lo que llamo «vírgenes vigilantes». Son los que llevan su virginidad como si fuera una insignia de valentía. Un trofeo. Se transforma en su identidad. Se presentan con un cordial saludo: «Me llamo Cindy y soy virgen. ¿Y tú?».

He aquí el problema con los VV. Si esto se transforma en tu identidad, cuando te cases y tengas relaciones sexuales, te volverás loco con los problemas, porque no solo perdiste tu virginidad, sino también tu identidad.

He aquí mi sugerencia. Sí, comprométete a guardar el sexo hasta que tengas el compromiso de un matrimonio. Mantente alejado de las zonas de peligro. (Para más información al respecto, analiza nuestro libro Noviazgo: ¿Están preparados?). Y entonces acéptalo como tiene que ser. No como un tema de debate, de discusión o de identidad. En realidad, tu virginidad no es el problema aquí, sino tu vida. Comprométete con tu pasión, con tu éxito, con la emoción que la vida tiene para ti. No tengas vergüenza de decir que eres virgen cuando surja el tema del sexo (¡y sí que lo hará!). Con todo, no intentes refregarle en la cara tu virginidad a todo el mundo. Ten confianza en ti mismo y serás lo que quisieran ser los VV: genial, seguro e inquebrantable.

8 peldaños hacia el sexo

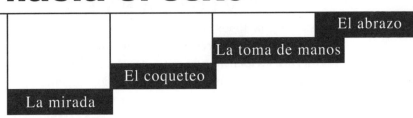

El abrazo

La toma de manos

El coqueteo

La mirada

El proceso del sexo incluye todas estas cosas. No solo el acto sexual. Estos ocho peldaños representan un avance paulatino en la piscina de la sexualidad. Son solo distintos niveles de lo mismo. Muchachos, si los besos no son en parte sexual, vayan y háganlo con el resto del equipo de fútbol. (¡No, por favor, no lo hagan!).

El problema es el siguiente: El sexo se ha analizado y retorcido tanto que las personas solo lo definen como el acto sexual. Eso está muy mal. Para ese momento, la mayor parte del sexo se acabó. Es una especie de signo de admiración al final del sexo.

Solo mira la evolución. Con cada peldaño, llegas a un nivel mayor de riesgo. Cuanto más inviertes en la relación en el área física, hay más en juego y tienes más que perder.

El acto sexual

El toqueteo / las caricias

Los besuqueos y manoseos

El beso

Esta evolución no es algo malo. Es parte de un desarrollo natural que te lleva desde la primera mirada a alguien atractivo, hasta la suprema conexión amorosa del matrimonio. Así que no le tengas miedo. Solo contrólala. No subas todos los peldaños con algún chico de tu clase. Y, por favor, no juegues en los peldaños.

Tómalo con calma. Reflexiona en lo que inviertes y el riesgo. Avanza a los peldaños superiores solo cuando tengas el mayor nivel de compromiso. Entonces, podrás disfrutar del proceso y no tendrás que preocuparte por los riesgos.

¿Estás listo para el **sexo?**

1. Amo *de verdad* a esta persona. V F	**2.** Quiero llevar nuestra relación a un nivel más profundo. V F
3. Puedo manejar las cuestiones emocionales del sexo. V F	**4.** Tenemos bajo control lo de la anti-concepción y las ETS*. V F
5. Estamos casados. V F	**Puntuación** 1. V = 20, F = 0 2. V = 15, F = 0 3. V = 10, F = 0 4. V = 15, F = 0 5. V = 1000, F = 0

0—60: Controla las hormonas. Ninguna de estas cosas te preparan para el sexo. Ajá, las personas dicen que si estás preparado, no hay problema. Pero oye: el sexo es un juego para casados. No se trata de lo que sientes, se trata del momento en el que estás. Oye, tal vez *sientas* que estás preparado para ir a pescar, pero si no estás cerca de algún lugar con agua, *no* estás preparado.

Estar preparado para el sexo se trata de un amor puro que da y recibe. Solo puedes dárselo a alguien con el que estés comprometido por completo, no solo a alguien que «te guste de verdad».

He aconsejado a muchos adolescentes acerca del sexo y de las relaciones. No he conocido a ninguno (¡ni a uno!) que comenzara a tener relaciones sexuales con intenciones puras. He oído toda clase de razones:

mi novio (o novia) me presiona
los amigos me presionan
para que mi novio no me deje
para sentirme amado
para probar que no soy homosexual
estábamos aburridos
alguna vez tienes que hacerlo,
¿por qué no ahora?
estamos enamorados

Ninguna de estas razones da resultado. Presta atención y escúchame una vez más. Estar preparado no tiene nada que ver con tus sentimientos. ¡Depende del momento en el que estás en la vida! Para resumir: Si no estás casado, no estás preparado.

1000-1060: ¡Arriba el sexo! Ajá, es un test parcial, pero al fin y al cabo es una pregunta parcial. Si tu puntuación es así de alta, que siga la fiesta. Haz el amor. Ten relaciones sexuales. Sé excéntrico. Hazlo. No importa cómo lo llames, solo comienza a hacerlo. En especial si obtienes 1060 puntos. Sin duda, estás en el momento adecuado de la vida, tienes la motivación adecuada y tienes bajo control las consecuencias y los posibles resultados. Entonces, ¿por qué estás ahí sentado leyendo este libro? Ve a gozar.

El sexo está bien cuando estás preparado.

LA TELEVISIÓN DEL REALITY
se va a
Hollywood

Esta temporada, una figura del cine e ídolo de la televisión se subirá a la montaña rusa de la televisión del reality y revelará lo que sucede cuando se apagan las cámaras.

James Bond ha probado ser el ídolo del mundo de los espías. Es lo más genial. Siempre salva al mundo y se engancha con alguna atractiva agente secreta en nombre de la seguridad nacional. Se trata de una mujer hermosa, en un lugar hermoso, teniendo hermosas relaciones sexuales.

Esta temporada, miramos el asunto más de cerca y conectamos la realidad con la pantalla grande. De acuerdo con la gente inteligente que se dedica a esto (como la asociación estadounidense de salud social), lo más probable es que una de cada cuatro mujeres con las que Bond se revuelca tenga una ETS. Es la televisión real en su mejor expresión. Logramos seguir al 007 hasta la clínica, donde vemos el horror en su rostro cuando el doctor le dice que tiene herpes. Lo acompañamos en su travesía de vergüenza hacia la farmacia para que le preparen la receta médica. A través de la vergüenza, la depresión y la ira, vamos más allá de la televisión y llegamos a la vida real.

A continuación, en nuestro informe especial, exponemos la realidad de uno de nuestros amigos preferidos de la serie Friends, un programa tan lleno de vida, pero tan vacío de la realidad. Es cierto, hemos presenciado un embarazo, pero lo transformaron en una experiencia maravillosa sin ningún aspecto negativo. Sin embargo, no puedes dejar de ver la asombrosa verdad que revelan nuestras cámaras: Si cada 4 estadounidenses 1 padece una ETS, uno de nuestros amigos tiene algo que le da mucha vergüenza decírselo a los demás, pero tal parece que se lo transmite a otros compañeros. No puedes perdértelo.

Pharla de
Preservativos

Bienvenidos a *Charla de Preservativos*, donde puedes preguntar lo que sea acerca de los preservativos y del sexo seguro. ¿Tienes preguntas? Nosotros tenemos las respuestas.

(*Charla de Preservativos* se grabó en vivo frente a una audiencia ficticia que hizo preguntas ficticias y recibió respuestas de verdad).

CP: ¿Previenen los preservativos las ETS y el embarazo?

Es verdad que este es el grito de batalla de los que defienden los preservativos. Así que solo definamos una palabrita:

prevenir (del lat. praeven re): evitar que suceda algo

Por lo tanto, los defensores de los profilácticos quieren que creas que los preservativos evitan que sucedan las ETS y el embarazo. Sin embargo, no evitan nada. *Ayudan* a prevenir estas cosas. La única manera de prevenirlas es la abstinencia.

CP: ¿Qué eficacia tienen los preservativos a la hora de prevenir un embarazo?

Los preservativos tienen una tasa de eficacia que varía entre un 84 y un 87% en la prevención del embarazo. Parece fantástico, a menos que estés dentro del 15% que recibe una visita sorpresa de la cigüeña.

Fíjate. Los preservativos tienen una eficacia promedio del 85% siempre y cuando se usen con mucho cuidado, todas las veces, de la manera exacta y que no tengan fallas. Así que, en esencia, son eficaces cuando se utilizan en un ambiente controlado y clínico. ¿Cuándo fue la última vez que escuchaste que alguien tenga relaciones sexuales en un ambiente controlado y clínico? (Si conoces a alguien que lo haya hecho, hay que arrestar al médico, pues hay algo que anda mal). No es el lugar en el que se encienden las cosas. Así que en el caso de los adolescentes, es probable que la tasa de fracaso sea mucho mayor al 15%.

CP: ¿Qué eficacia tienen en contra de las ETS?
Esa pregunta es más difícil. Comencemos con el VIH.

La tasa de eficacia en el caso del VIH es del 80%. ¿Lo entendiste? Veámoslo al revés. El 20% de las veces, los preservativos no son eficaces para detener el VIH. Eso significa que 20 de cada 100 personas que contaban con que los preservativos los protegieran, morirán de SIDA.

CP: Un momento. Tanto el VIH como el embarazo tienen que ver con el semen. Entonces, ¿cómo puede ser que en el caso del embarazo haya un 85% de eficacia y solo un 80% en el caso del VIH?
Nadie lo sabe. Lo máximo que podemos arriesgar es que tiene que ver con el comportamiento y la frecuencia. Fíjate. Las estadísticas de embarazo se refieren solo a parejas heterosexuales. (Es obvio, ¿no es cierto?) La tasa de infección de VIH abarca a todos. Así que en el caso de estas estadísticas, muchas personas que no pueden quedar embarazadas se incluyen en los números. Entonces, si el preservativo falla,

Si quieres los detalles escabrosos acerca de estas cosas, búscalas. He aquí donde puedes encontrarla: S. Weller y K. Davis, «Condom Effectiveness in Reducing Heterosexual HIV Transmission», «Cochrane Methodology Report» en *The Cochrane Library*, número 4, 2003 (John Wiley & Sons, Ltd, Chichester, UK). También revisa revista www.medinstitute.org.

pueden contraer el VIH sin riesgo de embarazo. Además, algunos comportamientos sexuales presentan mucho más riesgo y aumentan la tasa de fracaso.

Esto concuerda con la afirmación de los que trabajan en el concejo de salud mundial. Dijeron: «Los preservativos parecen ser un poco menos eficaces para reducir la infección de VIH que para prevenir el embarazo». La mala noticia es que te mueres, pero la buena noticia es que no quedaste embarazada.

CP: Bueno, ¿qué sucede con el resto de las ETS? ¿Los preservativos las previenen?

Para esta respuesta, tenemos que recurrir a los peces grandes. Es decir, al Instituto Nacional de Alergia y Enfermedades Infecciosas, a los institutos nacionales de salud y al Departamento de Salud y Servicios Humanos. Los peces grandes. Su informe acerca de la eficacia de los preservativos para prevenir otras ETS, además del VIH, llega a la siguiente conclusión:

«NO HAY SUFICIENTE EVIDENCIA COMO PARA PROBAR LA PROTECCIÓN DE LOS PRESERVATIVOS CONTRA LAS ETS».

Esto incluye cosas como el herpes, el VPH (verrugas genitales), la sífilis, la gonorrea, la clamidia, el citomegalovirus, el chancroide y otras enfermedades muy difíciles de pronunciar.

Así que, en esencia, el sello de aprobación de los preservativos es de «¿Quién sabe?».

Vaya, es justo lo que uno quiere escuchar cuando tu vida depende de eso, ¿eh? «Oye, ¿me salvará la vida?» «¿Quién sabe?» «Está bien, me lo llevo».

CP: Entonces, ¿qué te quieren decir? ¿Si alguien va a tener relaciones sexuales, no debiera usar siquiera un preservativo porque no son seguros?

No, no es lo que queremos decir. Los preservativos pueden ayudar. Aun así, no te sorprendas si quedas embarazada o si contraes una ETS. Es un riesgo. Por lo tanto, si te colocas en esa situación, es mejor que nada.

Es de esta manera: Si alguien te va a disparar, desde luego, ponte un chaleco antibalas. Tal vez te disparen en la cara, pero oye, es mejor que nada.

¿Yo? Preferiría que no me disparen. En serio. Se llama abstinencia. Problema resuelto.

Si te das una
ducha vaginal
justo después de la
relación sexual,
no quedarás
embarazada.

Dejemos que nuestro surfista residente explique lo que sucede cuando una chica se da una ducha vaginal después de la relación sexual para intentar evitar un embarazo.

Bueno, es como si... imagínate que uno de esos pequeños espermatozoides sea un surfista. Así que, lo que sucede es como si... durante el sexo, lo que tiene el tipo sale de él y se mete en la chica. Bueno, es igual que cuando el surfista rema con las manos para ganar velocidad. Cuando la chica hace esto de la ducha luego de tener relaciones, dispara este chorro de agua hacia dentro. Es como si fuera una ola increíble que levanta al surfista. Y después, los pequeños espermatozoides se suben a la ola y hacen una maniobra genial hasta que llegan a la orilla... eh... quiero decir, hasta que llegan al óvulo. Entonces, la señora Óvulo y el señor Espermatozoide se revuelcan en la playa, pero en lugar de hacer un pollo asado, hacen otro surfista. Bonísimo.

(Nota: Esto se lee mejor si en tu cabeza haces la voz de un surfista).

• • •

Si orinas justo después de la relación sexual, no quedarás embarazada.

Dejemos que nuestro surfista residente responda una última pregunta. ¿Orinar después del sexo evita que una chica quede embarazada?

Amigo, no sé cómo podría afectar a una chica si yo hiciera pis... ah, te refieres a si la chica orina. Sí, ya sabía. Y la respuesta es la opción B, ni lo pienses, mi querida gente que le gusta leer. Los tubos de pis y del bebé que tiene una chica no se cruzan. Cada uno hace lo suyo. Así que puedes pasarte el día orinando, pero esos tipitos van a seguir nadando. Nos vemos.

¿2 son mejores que 1?

Falsedad científica

El uso de dos preservativos (doble protección) *aumenta* el riesgo de las ETS y del embarazo.

Tal vez te preguntes: «¿Cómo puede ser?».
Déjame explicarlo en términos bien científicos.

Fricción: La resistencia al movimiento que aparece cuando se intenta deslizar una superficie sobre otra con la que está en contacto. La fuerza de fricción contraria al movimiento es igual a la fuerza cinética hasta un valor conocido como fricción límite. Cualquier aumento en la fuerza cinética provocará un desliz. La fricción estática es el valor de la fricción límite justo antes de que ocurra el desliz. La fricción cinética es el valor de la fricción límite luego del desliz. Es apenas menor que la fricción estática. El coeficiente de fricción es el radio de la fricción límite hacia la reacción normal entre las superficies que se deslizan. Es una constante en el caso de dos superficies. En general, la energía que se pierde debido a la fricción, se convierte en calor.

fricción

Ilustración #1 (o #2, no me acuerdo). 2 objetos que se deslizan el uno sobre el otro y producen fricción. Para lograr el efecto completo, observa esta ilustración mientras te sientas en una sauna programada a 37°.

$$\frac{fl\sqrt{rn}}{<\&\#\%=@>}$$

Análisis del embrollo:
He aquí lo que significa toda esa porquería. Junta dos pedazos de goma y comienza a moverlos, el resultado es la fricción. La fricción desgasta cosas y crea calor, lo cual ayuda a desgastar las cosas con mayor rapidez. Luego ten en cuenta que si estos dos preservativos se usaran en relaciones sexuales, la goma estaría rodeada por cuerpos a una temperatura aproximada de 37° C. Este calor aumentaría el desgaste. Así que el hallazgo científico fundamental es que es estúpido juntar dos preservativos y esperar una mejor protección, porque los dos se desgastarán hasta romperse y no serían eficaces.

¡JA!
Valieron la pena los seis años de biología.

Y decías que nunca la usaría... bueno, ¡toma ESO, *papááá!*

Cuando te regala

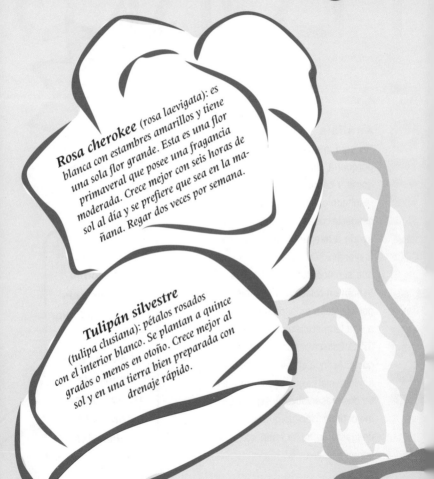

Rosa cherokee (rosa laevigata): es blanca con estambres amarillos y tiene una sola flor grande. Esta es una flor primaveral que posee una fragancia moderada. Crece mejor con seis horas de sol al día y se prefiere que sea en la mañana. Regar dos veces por semana.

Tulipán silvestre (tulipa clusiana): pétalos rosados con el interior blanco. Se plantan a quince grados o menos en otoño. Crece mejor al sol y en una tierra bien preparada con drenaje rápido.

FLORES

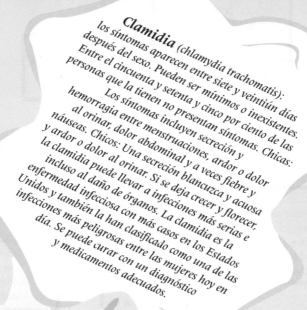

Clamidia (chlamydia trachomatis): los síntomas aparecen entre siete y veintiún días después del sexo. Pueden ser mínimos o inexistentes. Entre el cincuenta y setenta y cinco por ciento de las personas que la tienen no presentan síntomas. Chicas: Los síntomas incluyen secreción y hemorragia entre menstruaciones, ardor o dolor al orinar, dolor abdominal y a veces fiebre y náuseas. Chicos: Una secreción blancuzca y acuosa y ardor o dolor al orinar. Si se deja crecer y florecer, la clamidia puede llevar a infecciones más serias e incluso al daño de órganos. La clamidia es la enfermedad infecciosa con más casos en los Estados Unidos y también la han clasificado como una de las infecciones más peligrosas entre las mujeres hoy en día. Se puede curar con un diagnóstico y medicamentos adecuados.

¿Y con el **bebé** somos **3**?

9
Los padres adolescentes no casados con la madre del niño pagan, en promedio, menos de 800 dólares al año por manutención.

8
El 80% de los embarazos adolescentes ocurren entre adolescentes solteros.

1
El 80% de las madres adolescentes terminan recibiendo prestaciones de la seguridad social en algún momento.

El emba

2a
La mitad de todas las familias a cargo de madres solteras ganan menos de 12.400 dólares al año.

2
Casi un 50% de las madres adolescentes terminarán recibiendo prestaciones de la seguridad social antes de que el bebé cumpla un año.

3
El 59% de las madres adolescentes abandonan el instituto.

Conclusión evidente indicada para la gente lenta: Si eres adolescente y quedas embarazada, estás sola. El «donante de esperma» no estará presente para ayudarte. La mayoría de las mamás adolescentes abandonarán la escuela y recibirán prestaciones de la seguridad social en algún momento.

Esperanza: Si eres una mamá adolescente, no tiene por qué ser así en tu caso. Hay esperanza. Puedes encontrar maneras para

Fuente de las estadísticas: 1. www.teenpregnancy.org; 2. National Center for Fathers; 2a. Rebecca Blank, *It Takes a Nation: A New Agenda for Fighting Poverty,* (Princeton University Press, 1997); 3. www.teenpregnancy.org; 4. www.teenpregnancy.org; 4a. www.teenpregnancy.org; 4b. Departamento de Estadísticas Laborales; 5. Centro Nacional de Paternidad; 6. Centro Nacional de Paternidad; 7. www.teenpregnancy.org; 8. www.teenpregnancy.org; 9. www.teenpregnancy.org.

6

Los hijos en un hogar sin un padre tienen una doble probabilidad de abandonar la escuela.

5

Los niños sin padre tienen una probabilidad 5 veces mayor de vivir en pobreza que los niños en familias de dos padres.

7

El 20% de las madres adolescentes están casadas.

4b

Los salarios de los que abandonan el instituto son menos que la mitad que los salarios de las personas con un título universitario.

razo adolescente

4a

Solo el 1,5% de las madres adolescentes terminarán estudios universitarios antes de cumplir 30 años.

4

Solo un 41% de las madres adolescentes terminan el instituto.

triunfar e incluso de florecer. Será difícil. Será la batalla de tu vida. No, será la batalla por tu vida. Puedes ganar. Aun así, ese es un tema de otro libro para otro momento. Comienza, sin embargo, por hablar con tus padres, consejeros, pastores de jóvenes, con todos los que puedas, todos juntos pueden lograr tu estrategia. Recuerda, lo que te sucede no es importante, sino la manera en que reaccionas ante lo que te sucede.

¡Ve y pregúntale al abuelo!

> **Abuelo: Me enteré de que si tienes relaciones sexuales con una chica durante su período menstrual, o unos días después, no puede quedar embarazada. ¿Es verdad?**

Ah, el método rítmico. Así le dicen, mi hijito, cuando la gente tiene relaciones sexuales solo en algunos momentos del mes para que la chica no quede embarazada. Le llaman método del ritmo, pero yo le llamo lotería.

Oye, tengo un chiste para ti: ¿Cómo se llaman los que usan el método del ritmo para la anticoncepción? ¡Padres! Ja, ja, ja... [ejem]... [ejem]... disculpa... Ahora bien, ¿de qué estábamos hablando? Ah, sí, el sexo en ciertos días del mes para evitar el embarazo.

Chico, pareces confundido. Te lo explicaré. ¿Recuerdas que te dije que la mente y los sentimientos de una mujer son imprevisibles? Bueno, eso no es nada en comparación con lo que puede ser su cuerpo. Cuando una chica tiene la menstruación, es una forma natural de limpiar su cuerpo y de deshacerse del óvulo en su interior. Y casi nunca tiene otro óvulo disponible hasta más o menos los próximos catorce días. Fíjate que dije «más o menos». Recuerda esas palabras. Luego sucede la ovulción... eh... la ovalación... no, *la ovulación*, eso es... ocurre esta cosa de la ovulación y entonces hay otro óvulo disponible. Bueno, según esta teoría, puedes tener relaciones sexuales durante este período sin óvulos y ella no quedará embarazada. El problema es que no siempre sucede a ciencia cierta. Tal vez un día haya un óvulo disponible, o quizá ni siquiera haya un óvulo durante todo el mes. En sí, no puedes estar seguro. A esto súmale el hecho de que el semen puede permanecer vivo y a la caza de un óvulo dentro de su cuerpo hasta por cuatro o cinco días, y comienzas a correr algunos grandes riesgos.

Así que, recuerda, si decides tener relaciones sexuales y valerte del ritmo, ¡tal vez cantes una melodía muy triste!... Je, je... [ejem]... Ahora, apártate del televisor, es hora de la Rueda de la *Fortuna*.

sino solo una adición a la familia.

la diferencia es que la posible llegada de un bebé no sea algo devastador,

La estrategia de la salida anticipada

¿LO SABÍAS?

Si un chico se retira antes de acabar (eyacular), la chica puede quedar embarazada a pesar de todo.

Antes de que el chico eyacule, se libera un líquido acuoso y pegajoso del pene.

El chico no siente la liberación de este fluido.

Las primeras gotas de semen tienen la mayor concentración de espermatozoides.

Muchas veces un chico no sabe que va a llegar al clímax hasta que es demasiado tarde.

El sexo es lo más importante en la vida de un adolescente.

Interrumpimos tu lectura para traerte esta noticia de última hora...

¡EL SEXO ORAL ES SEXO!

Los investigadores lo descubrieron mediante las siguientes preguntas muy científicas:

¿Cómo se clasifica cada uno de estos?

	Sexo	No sexo
Sexo	✓	
Sexo bueno	✓	
Sexo malo	✓	
Sexo rápido	✓	
Sexo lento	✓	
Sexo anal	✓	
Sexo oral	✓	

Por **decisión unánime**, nuestros investigadores concluyeron que todas estas actividades son sexo en realidad. También concluyeron que muchas personas *creen* que el sexo oral *no es* sexo. Además, descubrieron que muchas personas *creían* que la lucha libre era real. Sin embargo, el solo hecho de que lo creyeran no los colocaba en la categoría de «buenos». Los colocaba en la categoría de «idiotas».

Discúlpenme un momento, necesito hablar con el editor. Oye, persona que edita, esto es cada vez menos apto para menores y tal vez quieras quitarlo, pero debes dejarlo en el libro porque es importantísimo. ¿Está bien?

uchas personas también creen que el sexo oral no es gran cosa. Si eso es lo que piensas, responde las siguientes preguntas.

(Nota: Si crees que el sexo oral es sexo y que es importante, tal vez quieras pasar por alto estas perturbadoras preguntas).

1. Describe en detalles la parte del cuerpo a la que le das sexo oral. ¿Qué apariencia tiene? ¿Cómo se siente, a qué huele, etc.?

2. ¿Tiene algún lunar, granos o alguna otra marca?

3. ¿Tiene alguna herida abierta, bultos u otra irregularidad de la piel?

4. ¿Cuál fue el último lugar en el que estuvo esta parte corporal antes de poner tu boca allí?

5. ¿Cuándo fue la última vez que se lavó esta parte corporal? ¿Cuándo fue la última vez que la revisó un médico?

6. ¿Le hiciste alguna de estas preguntas a la persona conectada a este órgano del cuerpo?

7. ¿Cómo responderás cuando tu hija de quince años te diga que va a una fiesta y que se va a colocar los penes de John, Charles, Raymond y Alex en la boca?

Si dijiste: «*¡Puf!*», «¡**Uf!**», «¡Huy!», «*¡Qué va!*» o «**¡Qué vergüenza!**», esta pregunta es para ti: Si estás demasiado asqueado y avergonzado para examinar el órgano del cuerpo, hablar al respecto o preguntarle a la persona acerca del mismo, ¿tiene sentido colocar tu cara allí?

Nuestro grupo de científicos poco científicos también descubrió que las chicas practican el sexo oral por las mismas razones que lo hacen con el sexo tradicional. Buscan aceptación, prestigio y popularidad, conexión, amor, admiración o aventura. Muchachas, necesitan comprender esto. Será duro, pero cierto. Si crees que el sexo oral no es sexo y que no es gran cosa, y comienzas a practicarlo con un chico, te conviertes para él en un agujero. Esto no es amor, ni respeto, ni siquiera afecto. Es explotación.

> Si comienzas a darle sexo oral a un chico, todo lo que eres para él es un agujero.

No nos sorprende que el aumento de adolescentes que tienen sexo oral también trajera un aumento en la depresión adolescente. Hasta nuestros tontos amigos que se hacen pasar por científicos se dieron cuenta de esto.

El rechazo es un terrible efecto secundario del sexo oral. Es una de las cosas más íntimas y con más riesgos emocionales que pueden hacer dos personas, pero se trata como a un estornudo por el cual se dice «perdón». De ninguna manera puedes sentirte seguro de ti mismo en esta situación. Con el sexo oral, le das a la otra persona el poder para destruirte (y es alguien con el cual ni siquiera estás comprometido). Sí, tal vez estén comprometidos a salir juntos. Aun así, eso no es un compromiso, es un pasatiempo. Por lo tanto, la inversión significa una exposición y una vulnerabilidad completas, y la recompensa es el rechazo total porque ya no eres nada especial. Solo eres un lugar en el cual acabar.

> **¡Los chicos lo contarán!** Si tienes sexo oral con un chico, es más que probable que lo cuente. Todo lo que hiciste. Todo lo que tocaste o besaste. ¿Por qué no? Si crees que hacerlo no es gran cosa, tampoco es gran cosa contarlo.

Luego viene la culpa: la sensación de odio hacia ti mismo porque le diste a alguien una experiencia muy privada e íntima y la trató como si fuera un chiste o un tema de conversación con amigos, el tema que viene después de la discusión acerca de cuál clase de pizza es mejor. Sí, algunos te dirán que superarás la culpa y que todo será estupendo. ¿Adivina qué? ¡No se supone que debas superar la culpa! Está allí con un propósito. Está para que te detengas. Al igual que la sensación de ardor es lo que te dice que quites la mano de la cocina y te pongas hielo, el sentimiento de culpa te dice que te detengas y que acudas corriendo al Creador para que vuelva a limpiarte.

El problema del sexo oral y la culpa comienza a crecer sobre uno mismo como un huracán en aguas cálidas. La depresión hace que la persona busque una escapatoria. El sexo oral ofrece una escapatoria que trae rechazo, culpa y depresión, lo cual hace que vuelvas a buscar una escapatoria... y el círculo continúa hasta que la persona queda destruida de manera emocional, espiritual y física. Este círculo conduce a la baja autoestima. Sientes que eres un perdedor porque regalaste lo que Dios dijo que era valioso y que cuesta toda una vida de compromiso matrimonial.

La pregunta teórica que se debe abordar ahora es: «¿Cómo salgo o me mantengo alejado de la trampa del sexo oral?».

> **Si el sexo oral no es tan importante, debieras ser capaz de mostrarles fotos a tu maestro, a tus padres, a tu pastor de jóvenes y a tu abuela.**

Nuestra investigación titulada «Cómo no ser estúpido: Una guía práctica para el sexo oral... Eh, y cómo NO hacerlo» ha aportado enfoques útiles. He aquí algunos pasos:

1. **Aléjate de la situación.** Ya sabes en qué momentos habrá s.o. o en qué momentos se esperará que suceda. En una fiesta, en una noche de películas, en la parte trasera del autobús, en una cita. Evalúa la situación con antelación, y luego... incumple. Esquiva la situación y ve a hacer algo por tu cuenta.

2. **Rodéate de amigos.** En los números hay fortaleza. Busca algunos amigos que crean lo mismo que tú y no se separen. Será una batalla, pero estás preparado para la guerra. Tienes lo que hace falta. Haz un pacto con tu escuadra de modo que, sin importar lo que una persona quiera hacer, el grupo tenga el derecho de ponerse insoportable y de interferir. Esto será importantísimo porque en algún momento uno de ustedes se vendrá abajo y cederá. Ese es el momento de actuar. La escuadra tiene que intervenir, dividir y rebotar.

3. **Operación Liberación Secreta.** Es hora de salvar a tus amigos en forma clandestina. Poco a poco comienza a poner sobre el tapete que tú y tus amigos salen de la escena oral y se quedan fuera. Descubrirás que muchas personas piensan lo mismo que tú. Despacio, uno a uno, libéralos.

Tendrás que actuar como un virus e infiltrarte en forma clandestina, porque si solo rompes alguna fiesta, anuncias tu

> Chicas, no esperen hasta que alguna duda caiga en sus pantalones para que decidas trazar un plan.

sublevación y le dices a la gente que te siga, te borrarán del mapa y no ayudarás a nadie. Si entras de repente por la puerta principal, eres un tipo raro a la enésima potencia. Si entras a escondidas por la puerta trasera, eres el guerrero silencioso de la libertad. 🌙

Un mensaje de nuestros investigadores: Tal vez parezca que somos antiorales. Ese no es el caso. Es decir, ¿cómo hablaríamos? ¿Cómo escucharíamos? Pero oye, sabemos que el s.o. es un riesgo. Al igual que cualquier otro tipo de sexo, es un juego para casados. Así que en un matrimonio amoroso donde tienes el respeto, el compromiso y la aceptación total del otro, haz la prueba.

Las diez principales malas razones para tener relaciones sexuales

10. Hay que hacerlo alguna vez
9. Mi novio lo quiere
8. Mis amigos se burlan de mí
7. Estoy excitado
6. Sentirme amado
5. Me hace sentir bien
4. Aburrimiento
3. Estamos preparados
2. Como sea, nos vamos a casar
1. Nos amamos

Chicago Noticias

Al «Cara cortada» Capone, famoso gángster y enemigo público número uno, murió hoy. En un giro inesperado de los hechos, no fue un golpe de la mafia ni un asesinato lo que le quitó la vida... fue la sífilis.

Capone comenzó su vida criminal en sexto grado. Su reputación como gángster creció con rapidez y lo promovieron a Chicago. Se hizo poderoso y a la larga se hizo cargo de la organización criminal de Chicago.

Aunque sucedieron muchos homicidios durante su reinado como jefe de la mafia, Capone siempre tuvo una coartada que lo mantuvo bien alejado de la escena del crimen. El homicidio más célebre que sucedió bajo su mandato fue la matanza del día de San Valentín, que acabó con las vidas de siete gángsteres rivales.

Mientras vivía la vida criminal, también vivió una vida de lujos y deseos. Era un verdadero mujeriego; tal es así que nadie sabe en realidad cuál chica le contagió la sífilis. Como los síntomas tardan entre tres y cuatro semanas en aparecer, no se podía adivinar. Y aun cuando Capone se diera cuenta de los síntomas de la primera etapa, es probable que no supiera lo que tenía, porque el primer síntoma es una llaga indolora de un color marrón rojizo en la nariz o la boca. Aun si no se trata, desaparece entre unas cuatro o seis semanas. Los síntomas de la segunda etapa se manifestarían entre seis semanas y seis meses más tarde. Repito, es posible equivocarse en el diagnóstico ya que se manifiesta como un sarpullido en cualquier parte del cuerpo, muchas veces en las palmas de las manos, en las plantas de los pies y en la zona genital. A esto les pueden acompañar síntomas parecidos a los de la gripe, lo cual quizá confunda aun más el diagnóstico. Todos estos síntomas quizá desaparezcan, pero la infección no. Si no se trata, puede provocar una enfermedad cardiaca, daño cerebral, ceguera e incluso la muerte.

A Cara Cortada lo condenaron por evasión de impuestos y lo enviaron a la peor prisión del mundo. Al llegar a Alcatraz, le diagnosticaron demencia sifilítica, daño cerebral debido a la sífilis.

Después de cumplir casi siete años en prisión, liberaron a Capone. Sin embargo, debido al deterioro de su mente por la sífilis sin diagnosticar y sin tratar, el gángster más famoso, Al «Cara Cortada» Capone, murió aislado por una infección curable.

Nota del Editor: La sífilis se cura con antibióticos. Aun así, como la mayoría de las personas no tienen síntomas graves o no los reconocen, casi nunca se diagnostica la infección y llega a causar un daño irreversible.

El romance de

olla de

presion

[besos... suspiros suaves]

Chico: ... Ah, nena, cómo me gusta tocarte.

Chica: A mí también.

Chico: Nunca nadie me hizo sentir de la manera en que me haces sentir tú.

Chica: ¿En serio?

Chico: Sí, quiero estar bien cerca de ti, alma con alma, piel con piel...

Chicas, tal vez hayan estado en esta situación. Tal vez hayas sentido la presión de ceder en lo físico que viene de un chico. Está hirviendo de hormonas. Te dirá todo tipo de cosas. Cuánto significas para él. Cómo sabe que son el uno para el otro. (Ya lo sabes. Aunque, si necesitas refrescar la memoria, consigue el libro *Noviazgo: ¿Están preparados?* Allí está todo).

A pesar de eso, **la presión que te oprime** el alma puede venir en realidad de ti. Estás en busca de esa emoción. Esa sensación de sentirse amado y aceptado. Quieres hacerlo feliz para gustarle cada vez más. Esta es tu propia presión interna que debes entender y controlar. Necesitas confiar en Dios y en su Palabra y saber que eres buena, encantadora y hermosa sin nadie más.

De modo que volvamos de un salto a los chicos. Muchos chicos, en especial los que no están en buenos términos con Cristo, te pondrán presión. No confíes en ellos solo porque parecen «buenos chicos». Sin Cristo en el centro, no puedes confiar en que nadie quiera lo mejor para ti. Te dirán que lo hacen porque le importas muchísimo. Pero oye, es su propia presión la que habla: una presión que viene de un lugar distinto por completo. Los chicos que prestan el oído a las reglas del mundo tal vez escuchen algo así de parte de sus «amigotes»:

Chico 1: Entonces, ¿ya te la tiraste?

Chico 2: Qué va, hombre.

Chico 1: Qué pasa, ¿eres impotente?

Chico 2: Nuestra relación no gira alrededor de eso.

Chico 1: Sí, entiendo. Eres gay.

Chico 2: Cierra el pico.

Chico 1: Ah, ve a llorar con tu mamá, pedazo de mariquita.

Chico 2: Vete a tomar el aire, socio.

Chico 1: Oye, no te importa si invito a tu chica a salir, ¿no?

Chico 2: ¡¿Qué?!

Chico 1: Solo creo que le gustaría ver lo que es estar con un hombre de verdad.

Los chicos pueden vivir en un mundo de alta presión. Se acosan, se burlan los unos a los otros, se critican por cualquier cosa. En especial, cuando se trata del sexo. No importa si los demás lo han hecho o no. Todos se burlarán de él. Lo critican por lo que no hace y mienten acerca de lo que ellos sí hacen. Y aun el «buen chico» olvida cualquier concepto de verdad y honor cuando se burlan de él. Así que aceptará el desafío y se lo llevará a la chica.

Chico 1: ¿Y? ¿Ya te la tiraste?

Chico 2: Sí.

Chico 1: ¿Cuándo?

Chico 2: El viernes, después del partido.

Chico 1: ¿Cómo estuvo?

Chico 2: Estuvo bien.

Chico 1: Cuenta todo.

Chico 2: Luego del partido fuimos a la casa de Brent para nadar. Bueno, la llevé a la casa y fuimos a la sala de juegos. Y solo me lancé y lo hicimos.

Chicas, conecten los puntos. Si tienes relaciones sexuales con tu novio porque te presiona, es más que probable que esa terrible presión viniera de sus amigos. Así que te usó para tener una buena imagen delante de sus amigos. Ah, el verdadero amor.

Nota del Autor: Antes de adoptar una actitud auto-marginada y decir que hay excepciones y que las cosas no siempre suceden de esta manera, déjame sugerirte algo: ¡No te molestes! Me refiero a las normas. A la manera en que casi siempre suceden las cosas. A los chicos los presionan sus amigos y a las chicas las presionan los chicos. No todos los chicos son así, algunos están comprometidos del todo con Cristo, pero sé sincera contigo misma: ¿el chico que te gusta es en verdad fuera de serie o te estás mintiendo a ti misma? ¡Vaya! Me alegra que tuviéramos esta conversación. Ahora, sigamos adelante. Estoy cansado y quiero dormir una siesta.

Se ha descubierto que la
abstinencia
tiene graves efectos secundarios

Tasa
fracaso
del 26%

RECHAZADO

La cita más estúpida de todos los tiempos te llega por cortesía del Centro de Control y Prevención de Enfermedades. En su informe semanal de morbosidad y mortalidad revelaron que:

La abstinencia tiene una tasa de fracaso del 26% en la prevención del embarazo.

RECHAZADO

Por lo tanto, lo que dicen es que la abstinencia es aun menos eficaz que los preservativos para evitar el embarazo. ¿Soy yo el idiota aquí? Porque no lo entiendo. ¿Cómo puede ser que la abstinencia falle al evitar el embarazo? Al parecer, no conozco la definición de abstinencia. Un momento, la buscaré. Bueno, aquí está:

> **Abstinencia es la cualidad peculiar de abstenerse.**

Bueno, gracias, Sherlock. ¿No te encantan esas definiciones de porquería? Fantástico, analicemos la palabra base: *abstener.*

Aquí, *abstener* es *no hacer algo.* Así que, como pensé, abstenerse del sexo significa no practicarlo. Entonces, para que haya una falla del 26%, ¡*alguien* debe tener relaciones sexuales! Porque si estás en abstinencia, no tienes relaciones. Cuando tienes relaciones, ¿adivina qué? Ya no practicas la abstinencia, practicas el sexo. **La abstinencia tiene una tasa de éxito del 100%...** ¡no me digas!

Aun así, fíjate que la abstinencia tiene otros efectos secundarios importantes.

Sexo increíble

Así es... la abstinencia te prepara para el sexo. Si te mantienes lejos del sexo hasta que te cases, obtendrás la mejor de las recompensas sexuales. Ve a revisar «La Revelación de la Fórmula SUPREMA para el Sexo».

Atrapa lo seguro

La permanencia en la abstinencia te ayudará a fortalecer tu seguridad. En primer lugar, no te expondrás al peor de los rechazos que trae el sexo. Cuando le entregas tu cuerpo a alguien así, colocas toda tu autoestima en sus manos. Te vuelves hipersensible a cualquier comentario que se haga. Sin embargo, cuando te alejas de la zona del sexo, no tienes de qué preocuparte. Posees el control de tu vida y tu autoestima no está en manos de alguien que te vio desnudo.

En segundo lugar, tienes lo que otros desearían tener aún. Cuando te mantienes puro en lo sexual, te vuelves, bueno, intocable. Y los demás percibirán tu valor. Es decir, ¿qué es más valioso: un auto arruinado al que todos tratan mal o un auto nuevo en perfecto estado? Es evidente. Lo mismo sucede con las personas. ¿A cuál chica se percibe como la más valiosa? ¿La chica a la que nunca han tocado o la que han tocado todos?

El secreto en el garaje

Tengo un amigo que casi siempre conduce una camioneta roja, vieja, maltrecha y desvencijada. La lleva para todas partes. No es demasiado rápida ni tiene mucho estilo. La gente se burla de él y se ríe de su vieja camioneta. Él lo acepta. Lo soporta. No deja que le afecte el poco criterio y la opinión de los demás. Luego llega a su casa y abre la puerta del garaje hacia la verdad: un BMW Z3 convertible, de lujo y superveloz. Se desliza en el asiento y sonríe al pensar en las personas que se burlaron de él. Entonces sale para la autopista y la verdad lo hace libre.

Cuando te des cuenta de todo esto, te verás como alguien valioso. Podrás mirar a la gente a los ojos. Sentirás menos tensión. Será como si vivieras en una realidad alternativa donde las cosas que arruinan la vida de los demás no te afectan en absoluto, y emitirás una energía positiva y total de seguridad.

La conexión del Creador

Dios en verdad desea que te conectes con Él. Hizo el sexo para crear lazos espirituales y emocionales. De modo que si te mantienes alejado de la escena del sexo prematrimonial, lograrás concentrarte mejor en Él. No tendrás que debatirte entre tu conexión con una persona y tu conexión con Dios. No sentirás nada de culpa, de vergüenza, ni tendrás que fingir que vives para Dios mientras que en realidad haces lo que te da la gana. Un pasaje genial de los Salmos dice: «El SEÑOR afirma los pasos del hombre cuando le agrada su modo de vivir; podrá tropezar, pero no caerá, porque el SEÑOR lo sostiene de la mano» (capítulo 37, versículos 23-24). Ese eres tú. Es este momento. Guárdate para el mejor sexo que existiera jamás en el matrimonio que te dará Dios.

Claro, la abstinencia tiene efectos secundarios importantes. Y son todos buenos. Serás el que se lleva los premios, el valor y la conexión íntima con el Creador. Así que mantente libre de sexo y consíguete algunos efectos secundarios fenomenales.

• • •

Si quedo embarazada, mi novio estará a mi lado.

UN
papá
ADOLESCENTE
LO CUENTA
todo

jlook: Entonces, ¿qué edad tiene tu bebita?

Darren: Ayer cumplió cuatro meses.

jlook: ¡Vaya! ¿Cuándo fue la última vez que la viste?

Darren: Hace dos semanas.

jlook: ¿Y tú y la mamá siguen juntos?

Darren: No, hombre, tengo novia. Además, dentro de
un par de meses me voy para la universidad y no
quiero compromisos.

jlook: ¿Entonces no te vas a comprometer con tu hija?

Darren: Sí, la veré cuando vuelva a la ciudad.

jlook: Bueno, ¿cómo terminaste con un bebé? Es decir, sé
cómo, pero, bueno, ya sabes lo que quiero decir.

Darren: Sí, sé lo que quieres decir. Estábamos aburridos.

jlook: ¿No tienen un televisor?

Darren: Esta es la historia: Ella tiene quince años y sus padres no la dejaban tener citas, así que nos la pasábamos en su casa todo el tiempo. Bueno, no había nada que hacer, por eso comenzamos a tener relaciones sexuales en su casa. Entonces, sí, en esencia, solo estábamos aburridos.

jlook: Comenzaron a tener relaciones porque estaban aburridos.

Darren: Sí.

jlook: ¿Estás aburrido ahora?

Darren: Sí, más o menos.

jlook: Eh... tengo que irme.

La receta del chef Pepe para «Un panecillo en el horno»

1 mujer aburrida
1 hombre aburrido
—Cuézanlo a fuego lento con mucho tiempo libre
—Añadan hormonas enloquecidas
—Hornéenlo por nueve meses, ¡y está listo para sacar!

Gonorrea
El regalo que no deja de regalar

Encárgala hoy

y los síntomas llegarán entre dos a veintiún días después de tener relaciones sexuales.

O quizá no lo hagan, porque muchas personas nunca ven ningún síntoma. Pero si lo haces...

Chicas, esperen una hermosa y espesa descarga verde amarillenta y un flujo anormal de sangre vaginal. Además, recibirán un ardor o dolor cuando vayan al baño a hacer el #1 o el #2.

Chicos, ustedes también recibirán la asquerosidad amarillenta-verdolaga que les saldrá del pene. Y sí, como adivinaron, el mismo dolor al orinar.

Y como una gratificación adicional:

Si no se trata, la gonorrea puede provocar infecciones serias, dañar los órganos reproductores y es muy probable que la madre se la transmita a su bebé.

Si no estás satisfecho del todo con la gonorrea, puedes ir al médico a buscar antibióticos. Aun así, el departamento legal dice que debemos advertirte esto: al igual que la gripe, muchas cepas de gonorrea se vuelven cada vez más resistentes a los antibióticos. Así que no esperes.

¡Haz algo ahora!

Soy gay, ¡y Dios me hizo así!

Ser gay va mucho más allá de la vestimenta bonita y el seseo en los varones, y los cortes de cabello y los deportes de contacto en las mujeres. Ya sé lo que estás pensando: «Si eso no te hace gay, ¿qué lo hace?». Bueno, los científicos expertos en gays (ya sabes, las personas que estudian la homosexualidad) discuten acerca de cómo se produce. Y lo han cocido en dos opciones:

1 Eres homosexual debido a tu entorno.

2 Tú naces gay.

Ser gay debido al entorno puede significar muchas cosas. Quizá fueras víctima del abuso físico o emocional. Tal vez tus padres, o uno de los dos, fueron del todo los peleles principales. O a lo mejor ni siquiera estaban cerca. Tal vez quedaste atrapado en una adicción a la pornografía. No lo sé. Podrían haber muchas implicaciones aquí.

Cuando hablo con gente en las escuelas y conferencias y me dicen: «Soy gay», solo les pregunto: «¿Qué ganas con ser gay?». Siempre me miran con extrañeza, pero les explico que tiene que haber algún tipo de recompensa. Para ellos, debido a alguna razón, ser heterosexual equivale a dolor. No se debe solo a que «eres así». No. Hay dolor asociado a la heterosexualidad y una recompensa asociada a la homosexualidad. Entonces, ¿a qué se debe?

Al hacer preguntas, **no he encontrado ni a una persona que tenga una motivación pura para ser gay.** Todos han estado huyendo de otra cosa. Una chica con la que hablé al final del año escolar dijo que era gay. Al profundizar en el problema, fue víctima de abuso verbal, y a veces físico, de su papá. Su tío hacía lo mismo. Siempre le decían que era estúpida y fea. Se burlaban de sus dientes y de su ropa. Se burlaban de todo lo relacionado con ella. Hasta sus dos últimos novios hicieron justo lo mismo. (¿Notas algún patrón? Ella no lo vio...). Ah, sí, y sus padres detestan a los homosexuales.

Por lo tanto, cambió para las chicas. No porque sea homosexual, sino porque huye de las terribles cosas negativas que los chicos aportaron a su vida. Además, intenta vengarse de sus padres. Ahora está desesperada porque tiene todos estos problemas en la vida y en la familia junto con este asunto de la homosexualidad que se buscó.

Después está el argumento de «Nací gay». Bueno, es una basura.

Fíjate. ¿Estamos de acuerdo en que Dios hace diferente a la gente? Es esencial. Es sencillo. Algunos son altos, otros son bajos. Algunos son energéticos, otros son tranquilos. Algunos están orientados a lo artístico y otros a lo mecánico. Somos distintos.

Algunos chicos son demasiado hiperactivos y agresivos. ¿No es así? Ya lo has visto. Son los que van por las tiendas y lo rompen todo. Tiran cosas de su lugar, corren, gritan, se comportan como locos. Son los que ven una pelota en el suelo y corren lo más rápido posible para abalanzarse sobre ella.

La genética lo dotó al nacer con tendencias agresivas. Con todo, eso no lo transforma en un criminal. Lo mismo sucede con esta tendencia genética a la homosexualidad. La genética dotó con antelación a algunos chicos con lo que consideramos tendencias femeninas. Tal vez sean sensibles. A lo mejor les gusta jugar con las muñecas. Quizá sepan comprar ropa que combine sin la ayuda de nadie. Sin embargo, nada de esto los convierte en homosexuales. Solo los hace distintos. Al igual que todo el mundo es distinto.

Entonces, la pregunta obvia es: «¿Qué hace que alguien sea gay?». La respuesta: Sus decisiones. Eso es todo. No se trata de lo que te sucede. No se trata de la manera en que te hicieron. Es tu elección. Tú decides qué hacer. Tú controlas los pensamientos en los que concentras tu mente. Con lo que dejas que entre y que crezca en tu mente, tú eliges si vas a ser gay.

Algunos estudios afirman que algunos chicos tienen un cromosoma «Y» de más en la estructura del ADN, que podría hacerlos más agresivos. A decir verdad, creen que muchas personas que están en la cárcel tienen este cromosoma extra. Aun así, también hay muchas personas en libertad que tienen estas características genéticas. ¿Eso significa que también son criminales? No. Las decisiones de los criminales los transformaron en criminales.

Antes de que te enloquezcas por lo que digo, entiende lo siguiente. No digo que los homosexuales sean criminales, ni comparo el ser gay con ser un presidiario. La discusión es acerca de la genética. Hagámosle un gran agujero a la teoría que argumenta que los genes te hacen homosexual. Es algo muy sencillo. Para que el gen homosexual sobreviva y se multiplique, como afirman algunos activistas gay, entonces los homosexuales debieran copular. Bueno, ¿qué es lo que está mal? Steve y Bob no se reproducirán. La genética simple demuestra que la reserva del gen homosexual debiera ser cada vez menor, en lugar de agrandarse. El argumento que las personas arrojan en respuesta es: «Bueno, el gen homosexual es recesivo, al igual que el ser rubio, pero hay mucha gente rubia dando vueltas. Su reserva no se ha hecho menor». Es una respuesta simple. ¡Los rubios pueden reproducirse!

Conclusión: No se trata ni del entorno ni de los genes. Es una elección. Sí, hay cosas que les suceden de seguro a las personas que las dañan muchísimo y las llevan a buscar alivio. El abuso, el ser usado y explotado por las personas que aman, o incluso el abandono. Existen muchas cosas que destruyen la esperanza y la seguridad de las personas, y que podrían impulsarlas a buscar una respuesta a través de decisiones y estilos de vida destructivos, pero en todos los casos el objetivo es cubrir algo, llenar un vacío o encontrar la felicidad a través de la homosexualidad. Ninguna de estas cosas dará resultado.

La cita más gastada y fastidiosa acerca de la homosexualidad:

«Dios creó a Adán y a Eva, no a Adán y a Esteban»."

¿1+0=Gay?

> **Soy un chico y, bueno, no me atraen para nada las chicas, así que supongo que debo ser gay.**
> *Comentario hecho por un estudiante de secundaria*

Es una mentira de los homosexuales. A las personas que no les atraen el sexo opuesto les dicen que «deben ser raras» y las colocan en una olla de presión donde los condimentan y los empapan de retórica gay hasta que al fin emergen como un gran pedazo de carne convertida.

Si este eres tú, sabes con exactitud a lo que me refiero. Todos intentan convencerte de que no hay otra opción. Si no te gusta el sexo opuesto, debes ser gay. No. Error. Haz un alto. No eres gay, y hay otras opciones.

¿Alguna vez pensaste que es posible que Dios tenga algunas cosas geniales que necesita que hagas y que, gracias a su inteligencia divina, sabe que si quedas absorto en la confusión hormonal te perderás todo lo que tiene para ti? Oye, no eres gay solo porque no persigas chicas atractivas. Dios tiene algo para ti. Deja de escuchar toda la basura de «tienes que enamorarte de alguien» y alégrate porque no te hace falta engancharte con alguien para sentirte completo. Comienza a considerar tus opciones. Mira a donde te lleva Dios.

La vida es una fiesta. Vívela. En este mundo han sucedido muchas cosas gracias a la gente que andaba sola. No temas enamorarte, pero hazme el favor de no tenerle miedo a no estar con nadie. Eso no significa que seas homosexual. Si quieres tomarlo por el lado espiritual, echemos un vistazo a lo que Dios les dice a las personas que afirman: «Solo hazlo. Es natural». Lee 1 Corintios 6:9; Romanos 1:24-27; Levítico 18:22. Dios aclara que la homosexualidad no es una opción. Oye, mi novia y yo tenemos ganas de tener relaciones sexuales, pero el hecho de que tengamos ganas no significa que lo hagamos. Lucha contra el impulso. No te tragues la mentira.

• • •

He tenido pensamientos y sueños acerca de personas del mismo sexo, así que debo ser gay.

De**chica**a**chica**

Tal vez seas una de esas chicas a las que solo les gusta estar con chicas. Es decir, eres una chica, y te llevas mejor con otras chicas. Tienes más cosas en común con ellas que con los varones. Es más fácil hablar con ellas y se conectan a un nivel más profundo. Todo esto te hace sentir genial y... ¡Dios mío! Debes ser gay. ¿No es así?

Oye, todo eso está bien. Aun así, no hay nada que te convierta en homosexual. Llevarte mejor con las chicas no significa que seas gay, significa que eres... eh, ¿cómo se dice?... es otra palabra corta... significa que eres... ah, sí, ¡una *CHICA!*

Por supuesto que te conectas mejor con las chicas. ¡Es obvio! Tienes muchísimas más cosas en común con ellas. Oye, prefiero pasar mucho más tiempo con los muchachos que con un grupo de chicas. En especial con chicos a los que les guste el baloncesto. Tenemos muchísimas cosas más en común. Nos conectamos aun más cuando jugamos juntos a la pelota. Eso no significa que me cambiaré de equipo porque soy gay. Incluso cuando le doy una palmada en el trasero a uno de los chicos por una buena jugada, no estoy expresando ningún deseo reprimido que quiere salir a la luz. Es decir, ¿qué se supone que debo hacer, darle una palmada en la cabeza?

Nos llevamos mejor con las personas a las que les gustan las mismas cosas y que han tenido experiencias similares a las nuestras. En general, son personas del mismo sexo. No es ser gay, es ser una chica.

ANÁLISIS
de los
sueños

No eres gay. Eres normal. Todo el mundo ha tenido alguna clase de pensamiento acerca del mismo sexo. Tal vez fuera un pensamiento fugaz, o quizá te hiciera detenerte y cuestionarte. De cualquier manera, eso es todo lo que es: un pensamiento.

Aquí está el problema: En la sociedad actual, les decimos a las personas que deben aferrarse a ese pensamiento y explorarlo. Deja que salga a la luz. Tal vez se trate de alguna identidad reprimida que quiere salir. O tal vez sea la comida mejicana. ¡Lo que sea!

No lo consideres. Solo déjalo pasar. Puedo ver a una chica caminando por la calle y pensar: «¡Vaya! ¡Qué atractiva!», y seguir caminando sin entrar en una revolcada sexual en mi mente, y no tiene nada de malo. Solo fue un pensamiento. Así como entró, salió. Se fue. El problema viene cuando las personas intentan que te aferres a los pensamientos y los explores con detenimiento. Esto hace que la imagen se grabe en tu mente, y si lo haces con frecuencia, tu mente comienza a creerlo. No es que tu homosexualidad comience a surgir. Es que te has convencido de que eres gay debido a los pensamientos constantes en tu mente.

Repito, si has tenido este tipo de pensamientos, no eres rara ni gay. Eres normal. Es verdad, encontrarás a los que te digan que nunca en la vida pensaron en algo por el estilo. Se encuentran bajo la clasificación clínica de *mentirosos*. Así que no te preocupes. ¡Pero no esperes que todos los chicos del equipo se sienten a charlar al respecto!

• • •

Mi pene
es muy
pequeño.

El hombre grande en el campus

Los estadounidenses están obsesionados con el tamaño de su mercancía. Siempre se ha tratado de una preocupación masculina, pero el asunto se ha transformado en un cáncer que corroe la confianza de los hombres en sí mismos.

La razón por el aumento de la preocupación peniana es el fácil acceso a la pornografía. Si un chico comienza a mirar fotos de fantasías pornográficas, no pasará mucho tiempo antes de que se sienta inferior porque no tiene una tercera pierna.

Estas fotos no son del mundo real, sino que es otra de las maneras en que el Enemigo destruye la imagen personal que Dios les ha dado a los hombres.

La realidad es, y los estudios lo confirman, que el tamaño del pene **no es un problema para nadie excepto para los hombres** que se preocupan por lo que dicen sus amigos en el vestuario. No es una señal de hombría, de poder, ni siquiera de la cantidad de satisfacción que podrás darle a tu futura esposa.

Así que abre los ojos, Dios te hizo. Te eligió para que seas justo como eres. Eligió tus ojos, tu cabello, tu altura, tu forma de reírte. Incluso el tamaño de tu pene. Juntó todas estas cosas y te hizo como eres porque pensó que era la mejor de todas las combinaciones. Tú eres tú, y Él te hizo a la perfección.

Así que no te preocupes por la cosa pequeña. (¡Perdón!).

P. D. peniana: Aquí tienes una última reflexión acerca del tamaño de tu mercancía. ¿Y si Dios hizo tu pene del tamaño justo para que sea compatible a la perfección con tu esposa? ¿Eh?

Los ingredientes
de un
hombre

El señor Aspirante a Rapero dice: «Oralizar y sexear a las nenas te convierte en un hombrachazo de renombrazo».

Traducción: Tener sexo oral y sexo frecuente con las chicas te convierte en un hombre de verdad.

En realidad, señor Azo, esta creencia te alejará mucho de tu destino como hombre, a menos que tu hombría suponga entregarle a una muchachita tu hombría al bajarte los pantalones y esperar a ver si se ríe de ti.

Cuando esperas que el sexo (el común, el oral o lo que sea) te haga sentir como un hombre o parecer un hombre con tus amigos, lo que haces es entregarle tu hombría a esa chica. Su aceptación y reacción hacia ti determinarán si te sientes como un hombre. Aun si apruebas tu examen de hombría y puedes contarles a todos tus amigos acerca de tu escapada sexual, dejaste que una chica asumiera la responsabilidad de tu hombría, y eso es imposible.

Noticia de última hora para los ingenuos: Tu hombría no puede provenir del sexo con las muchachas. No puede provenir de lo que otros chicos dicen acerca de ti. Esta energía positiva masculina se trata solo de ti y de algo mucho mayor que tú: Dios.

SECRETOS PARA EL MEJOR DE LOS AUMENTOS MASCULINOS

¿Quieres ser hombre? ¿Un hombre de verdad? Lo primero que debes hacer es dejar de intentar ser un hombre; porque no puedes. Fíjate. Te crearon como hombre. Eso vino en forma automática. Aun así, el Creador quiere hacer de ti un hombre. En Dios se encuentra tu hombría. Los chicos buscan en todas partes tratando de encontrarla. Los deportes. Las mujeres. La violencia. En cualquier lugar en el que sientan que tienen lo que hace falta. Sin embargo, la fuente de toda masculinidad es la Fuente de todas las cosas.

Entonces, ¿cómo la obtienes? ¿Cómo obtienes acceso a esta bóveda de cosas masculinas?

Pide ● ● ● ● ● ● ● ● ● ● ● ● ● ● ●

En la carta que escribió Santiago, lo dejó bien en claro. En el capítulo cuatro, escribió: «No tienen, porque no piden [a Dios]». El que te creó tiene muchas cosas masculinas que quiere darte, pero la clave es que debes pedirlas. Quiere que dependas de Él y que sepas que puedes obtener cualquier cosa de su parte si lo pides. De esa manera sabes que vino de Él. Así que comienza a pedirle a Dios que te transforme en un hombre de verdad y no dejes de pedir hasta que obtengas toda la energía positiva que tiene.

Ahora bien, hay una trampa en todo esto. Por supuesto, siempre existe una trampa. Santiago lo dice así: «Cuando piden, no reciben porque piden con malas intenciones, para satisfacer sus propias pasiones». ¡Ayayay! Dios quiere que tengas todo. A pesar de eso, no te transformará en un hombre de verdad si quieres serlo para poder engancharte con nenas más atractivas o para poder golpear al mariscal del equipo de fútbol. Todo tiene que ver con los motivos.

Entonces, ¿cuál es la respuesta apropiada aquí? Dios quiere darte todo su arsenal de hombría para una sola cosa: para que le honres con ella. ¿Qué significa esto en el mundo real? No sabría decirte. Es distinto para cada uno.

¿Recuerdas a David en la Biblia? Dios comenzó a darle a David su hombría cuando era solo un niño que hacía lo de los pastores. Se sentaba, tocaba el arpa, cantaba alabanzas a Dios. Era muy sensible. Lloraba cada vez que le sucedía algo a sus ovejas. Pero no era un cobarde. Dios le dio su energía positiva masculina. David mató a un león y a un oso con sus manos. Allí estaba Dios dándole aun más hombría. ¿Por qué? Porque había un gigante al que Dios necesitaba que alguien matara. David todavía era un adolescente, pero usó su hombría para honrar a Dios.

Está bien, entonces, si vas a ser un hombre, debes comenzar pidiéndole la hombría al único que puede dártela. ¿Y luego qué?

Ora

Cada día, conéctate con Dios. Habla con Él. Dile con exactitud lo que piensas y sientes. Reconoce tus debilidades y admite que no puedes hacerlo solo. No se trata de ser un mariquita. Se trata de conectarse con la fuente de todo poder. Fíjate en Pablo, el tipo que escribió gran parte del Nuevo Testamento. Era un hombre. Soportó palizas, naufragios, mordidas de serpientes, la prisión. Era duro. Aun así, escucha lo que dijo en su segunda carta a los Corintios: «Cuando soy débil, entonces soy fuerte» (capítulo 12, versículo 10). Sabía que era débil. Sabía que no podía hacer nada por su cuenta. Y también sabía dónde se encontraba la fuerza: en Dios. Así que comienza a conectarte con Dios todo lo posible.

Un consejo sobre la oración: No dejes que nadie te diga que hay una sola manera de orar. Todos tienen una manera distinta. Dios es creativo. No le habla a todos de la misma manera. Así que consigue algunos libros, casetes o habla con tu líder de jóvenes. Descubre distintas formas de orar. Y, recuerda, si tu vida de oración es aburrida, no se debe a que la oración sea aburrida, se debe a que el método que utilizas no concuerda con la manera en que te hizo Dios. Así que busca una nueva manera.

Consigue la Palabra

No significa que debas ir a comprar una Biblia, a menos que no tengas una. Sin embargo, muchos que tienen Biblias aún no tienen toda la hombría que Dios quiere para ellos. ¿Por qué? Porque no han profundizado en la Palabra. Esto significa que debes leerla. Debes estudiarla. Fíjate en lo que sucede.

Muchas personas intentan comenzar a leer la Biblia y se dan por vencidos porque dicen: «No puedo entenderla». ¿Y sabes qué? No puedes. Así que si piensas que podrás entender lo que dice la Biblia sin la ayuda del Espíritu Santo, ríndete. Analiza I Corintios, el segundo capítulo, los versículos del 6 al 16. Allí está todo. Ve a buscar una de esas Santas Biblias y léelo. El versículo 14 es más transparente que el fantasmita Casper: «El que no tiene el Espíritu no acepta lo que procede del Espíritu de Dios, pues para él es locura. No puede entenderlo, porque hay que discernirlo espiritualmente». Conecta eso con lo que escribió Lucas en su versión histórica de la vida de Jesús: «Les abrió el entendimiento para que comprendieran las Escrituras» (24:45). Une los dos pasajes y analízalos hasta el nivel de un electrón. Nunca comprenderás las cosas de Dios por tu cuenta. El Espíritu del Todopoderoso debe revelártelas. La Palabra de Dios es, bueno, algo de Dios. Así que no la entenderás hasta que te la revele el Espíritu Santo.

Entonces, la gran pregunta es la siguiente: «¿Cómo me las arreglo para que se me "revelen" estas cosas?». Sigue leyendo...

¿Quién es tu Cristo?

Todas estas cosas se revelan por el Espíritu de Dios. Este Espíritu Santo que está en Dios debe estar en ti. ¿Cómo? Cuando aceptas a Jesús como el sacrificio por todos tus pecados y lo transformas en el soberano de tu vida, Dios envía a su Espíritu para que entre en ti. Si ya lo hiciste, ¡fabuloso! Si no lo has hecho, lee la sección que se llama: «¿Tienes a Dios?». Porque nada más te conectará hasta que suceda esto.

Pide tener conocimiento

Fíjate en el Salmo 119. Versículo tras versículo el autor (un hombre conectado con Dios) le pide al Todopoderoso que le muestre su significado para las palabras. Dios quiere que sepas, pero a veces debes pedir para saber. Investiga. Busca el significado. Una vez más, pide y no dejes de hacerlo hasta obtenerlo.

Apréndelo

Recuerda, no estamos hablando acerca de ser un chico buenito de Iglesia. Todavía estamos hablando de tu hombría. Es hora de jugar al emocionante juego de unir los puntos.

El versículo 18 del Salmo 66 dice: «Si en mi corazón hubiera yo abrigado maldad, el Señor no me habría escuchado». Ahora bien, si Dios no escucha, es probable que tampoco hable.

El versículo 11 del Salmo 119 dice: «En mi corazón atesoro tus dichos para no pecar contra ti».

Entonces, ¿quién tiene tu hombría y se muere por dártela? ¡Ajá!... Dios.

Así que conecten los puntos. Si pecamos, nos apartan de la Fuente de nuestra hombría. Y Dios no puede darnos lo que tanto anhela. Por lo tanto, ¿qué podemos hacer a fin de que nos ayude a mantenernos conectados?

Sigue un poco más. Aquí vamos.

Memorizo la Escritura para no pecar contra Dios

La Escritura en mi corazón me ayudará a no pecar

Dios es la Fuente de mi hombría

Permaneceré conectado con Dios

Él puede darme mi hombría

¿Hueles lo que estamos cocinando? La memorización de las Escrituras no te convierte en un hombre. Pero te ayudará a permanecer conectado a la Fuente. Y si estás conectado, su Espíritu Santo puede revelarte la manera de obtener tu hombría. ¡Eso sí que es poder, nene!

Muévete hacia la iglesia

Ya lo sé, he escuchado todas las excusas para no conectarse con una iglesia. Es aburrido. No obtengo nada a cambio. Son un montón de chiflados. Las he escuchado todas. A decir verdad, es probable que las haya dicho todas.

Sin embargo, funciona de la siguiente manera. La iglesia es lo que la haces. Sí, es trillado, pero es verdad. Siempre detesté la iglesia los domingos por la mañana. Demasiado temprano y demasiado aburrimiento. Comencé a asistir a la Escuela Dominical (¡también detesto esa palabra!) en una iglesia solo para descubrir más de lo mismo, con la excepción de que estaba llena de fanáticos de vehículos. Eran pilotos profesionales de autos de carrera. Corredores profesionales y aficionados de motocross. Algunos eran fanáticos de los deportes todo terreno. Y después, había toda clase de gente asociada con este tipo de cosas. Mecánicos, transportistas de autos, fanáticos. Nos juntamos y decidimos que si esta era nuestra clase, lo haríamos a nuestra manera. Y socio, cambiaron las cosas. Apilamos neumáticos en una esquina. Colgamos silenciadores, partes de motor y volantes del techo. Había un auto de carrera en miniatura que salía de la pared. Era increíble. Era distinto a lo que hubiera esperado cualquiera, en especial en esa iglesia, y nos encantaba asistir. No veíamos la hora de llegar allí los domingos por la mañana.

La idea es que si la iglesia a la que asistes es aburrida, se debe a que dejas que sea aburrida. No dejes de asistir. Haz algo al respecto. La iglesia es donde encontrarás a otros guerreros que pelean por su hombría. Y si un grupo de hermanos se une para pelear, ganará la batalla.

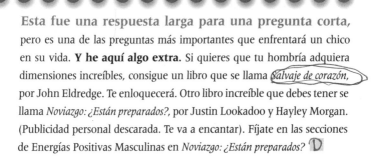

Esta fue una respuesta larga para una pregunta corta, pero es una de las preguntas más importantes que enfrentará un chico en su vida. **Y he aquí algo extra.** Si quieres que tu hombría adquiera dimensiones increíbles, consigue un libro que se llama *Salvaje de corazón*, por John Eldredge. Te enloquecerá. Otro libro increíble que debes tener se llama *Noviazgo: ¿Están preparados?*, por Justin Lookadoo y Hayley Morgan. (Publicidad personal descarada. Te va a encantar). Fíjate en las secciones de Energías Positivas Masculinas en *Noviazgo: ¿Están preparados?*

Herpes

El dios griego de
las ampollas y el engaño

Herpes es el amo de los enemigos que se infiltran sin que lo sepan. Despliega grandes características de disimulo y engaño.

A través de la falta de cuidado y la ingenuidad humanas, Herpes se atrinchera en el cuerpo de una persona. Luego, con paciencia, espera que una abertura de la piel o que el fluido corporal de su esclavo se ponga en contacto con otra víctima que ni lo sospecha. Este es el puente que le permite moverse sin que lo detecten y seguir conquistando.

Una vez que infectó a un nuevo huésped, espera entre dos y treinta días antes de mostrar síntomas de su presencia. Cuando se deja ver, lo hace con síntomas similares a los de la gripe y con pequeñas y dolorosas ampollas en la zona genital. Permanece a la vista acosando, irritando y causando dolor durante una a tres semanas. Luego vuelve a ocultarse y a esperar.

Sus tácticas engañosas se demuestran con mayor claridad en las épocas de silencio sin síntomas. En la tierra conquistada en que vive, a menudo creen que cuando desaparecen las llagas son libres de su torturador. **Sin embargo, es lamentable, pues nunca serán libres.** Una vez que Herpes toma un nuevo territorio, una nueva vida, esta deberá soportar su ira para siempre.

Herpes es un conquistador nómada. Nunca podría estar satisfecho al estar confinado en un solo lugar. Tiene que expandir su territorio y controlar. Una de las mejores maneras en que lo hace es convenciendo al huésped de que cuando deja de sentir o ver llagas, no puede contagiarle el herpes a otros. Al huésped se lo engaña para que crea que siempre sabe cuándo los síntomas se encuentran activos. Aun así, es solo una ilusión, un falso sentido de seguridad, porque Herpes está listo para seguir adelante incluso en los tiempos en los que no se vean ni sientan las llagas. Luego, Herpes puede conquistar y destruir otra vida con la ayuda de un compañero involuntario.

A través de los años, se han desarrollado medicamentos para ayudar a suprimir los síntomas del dios griego Herpes. Con todo, nada ha podido curarlo una vez que entra al cuerpo que conquista.

Los preservativos evitan el embarazo y las enfermedades.

Nada que perder

Si no te identificas con esto, pásalo por alto. No sigas leyendo y luego lloriquees porque no te identificaste. ¡Vete!
Entonces, si te identificas, sigue la lectura.

Lo más probable es que una de cada cinco personas que lea este libro tenga ahora mismo alguna clase de ETS. No, tonto, no es por el libro. Sin embargo, conocemos las probabilidades porque es lo que nos dicen los tipos expertos.

Con las noticias vienen algunas etapas obvias de enloquecimiento. Conmoción. Tristeza. Depresión. Vergüenza. Enojo. Estas son reacciones normales.

Algunas personas con las que he hablado no realizan este proceso y se detienen en la etapa del enojo. No rebotan cuando tocan fondo. En cambio, se quedan pegados allí como el chicle en la suela de tu zapato. Se amargan y quieren venganza o, algo aun más común, sienten que ya no valen nada, así que por qué no salir y seguir teniendo relaciones sexuales. ¿Y por qué preocuparse por la protección? Es decir, ¿qué sucederá, contraerás una enfermedad? Demasiado tarde.

Esas palabras provienen del trauma. Es verdad, si tienes algo como el herpes, el VPH o el VIH, no te librarás de él. Con todo, no se te acabó la vida. La enfermedad es ahora parte de tu maquillaje. Así que es hora de enfrentarla y de volver a vivir. No dejes que se transforme en tu identidad. Hay algunas cosas que puedes hacer para que tu vida siga adelante.

En primer lugar, ve al médico. Te puede dar medicamentos para controlar el problema. Luego, ve a ver a un consejero. Deja que te ayude a manejar el impacto y a resolver la depresión, los sentimientos de suciedad y toda la otra basura emocional.

Oye, el Enemigo te dirá que eres repugnante, que eres mercancía dañada. No es verdad.

Jesús murió por este tipo de cosas. Comprende que lo clavaron en la cruz para llevarse tus pecados junto con Él. El sexo, el herpes, las mentiras. Vino a buscar todas esas cosas. Satanás se meterá en tu cabeza y te dirá que no vales nada. No es así. Son todas mentiras del mismo infierno. Sigues siendo la cosa más valiosa que creara Dios. Así te ve Él. Tal vez no lo sientas, pero es verdad.

No temas correr a Dios. Él sabe lo que sucedió. Díselo. Aclara las cosas. Él no espera que seas perfecto por completo, pero sí espera que seas del todo sincero. Confiesa lo que hiciste y luego dale gracias por su perdón. Imagínate todas esas cosas clavadas en la cruz. Y cuando en tu mente aparezca cada uno de esos pensamientos acerca de lo horrible que eres, solo di en voz alta: «No, está clavado en la cruz». Y déjalo allí.

Una pequeña reflexión más: Sé que sentirás mucha ira si contraes una enfermedad. Detestarás a la persona que te la contagió. A veces, las personas deciden que la mejor manera de enfrentar la situación es vengarse de otras personas teniendo relaciones sexuales con ellas, sabiendo que pueden contraer una enfermedad. Sé que parece retorcido, pero algunos piensan que no tienen nada que perder y por eso si se hunden, se van a llevar algunos estúpidos con ellos. Escucha, piensan que algunas personas solo usan a las chicas o arruinan la vida de alguien y que se lo merecen. No. Nadie se lo merece. Tú no lo merecías. Y nadie, sin importar lo que hiciera, lo merece. Además, podría salirte el tiro por la culata. Fíjate las realidades que trae aparejadas. Podrías contagiar a algún tonto porque crees que se lo merece. Él duerme con una chica que se engancha con un tipo que comienza a salir con tu mejor amiga y, en un momento de debilidad, tiene relaciones con él. Ahora, ella la tiene. Le contagiaste el herpes a tu mejor amiga. No se lo merecía. Tampoco tú.

No me dejes mentir. Será un viaje duro. Aun así, no tienes por qué hacerlo solo. Consigue mucho apoyo de tus amigos y ayuda de parte de algún adulto, y recuerda, Cristo está a la espera para que le pidas que intervenga y te ayude. Pide.

¿Y tú qué sabes?

Numera según el grado de predominio:

___ sífilis
___ clamidia
___ VPH (verrugas genitales)
___ herpes
___ VIH
___ gonorrea

Respuestas: 5, 2, 1, 3, 6, 4

El espacio en blanco anterior es cortesía del diseñador del libro, a quien se le ha guisado un poco el cerebro luego de llegar hasta aquí en el libro. Espera que el espacio te dé un agradable respiro antes de seguir.

Aaaahhhhhhhh... qué amable.

3mitos

Analizados de manera inteligente y adulta

(sin el uso de las siguientes frases: «estúpido incurable», «¿sabías que eres un idiota?», «cabeza de chorlito», y «¿cuándo se te acaba la medicina para la idiotez?»)

Mito #203

• • •

La masturbación significa que eres un pervertido solitario y retorcido.

¡Eso sí que es ser un estúpido incurable! (¡Huy!, ya lo arruinamos... Lo intentamos).

Algunos dicen que el 95% de los hombres se ha masturbado y que el 5% restante miente. No sé si es verdad porque no he estado espiando por sus ventanas.

Sin embargo, he aquí la gran batalla: **«¿Está mal la masturbación?»**. Vaya, no puedo encontrar nada que hable directamente de eso en las Escrituras. Aun así, hay muchas cosas acerca de controlar tus pensamientos y la lujuria.

Así que para transmitir mi infinita sabiduría en la pregunta de: «¿Está bien? ¿La gente puede masturbarse?», déjame ir más profundo en mi fuente poco profunda de inteligencia. Esta es mi interpretación del asunto.

Para algunos, la masturbación se transforma en un problema grave porque pasa a ser un hábito. Puedes hacerte adicto a ella al igual que cualquier otra cosa porque le proporciona a tu cerebro una sensación agradable. En el cerebro, se liberan una serie de químicos para sentirse bien, y la gente se hace adicta a esa sensación. Llegan hasta el punto de tener que hacerlo. Es lo único en lo que pueden pensar. Tienen que irse de la clase o de una fiesta o, bueno, en cualquier momento en el que surja el impulso, tienen que ir a hacerlo. Los controla.

Si lees esto y te ríes, no te estoy hablando a ti. Si estás ahí sentado y esto te parece conocido, es hora de recuperar tu vida. Y el primer paso es acudir a un adulto en el que confíes de verdad y decírselo. Será lo más difícil que hicieras jamás, pero debes hacerlo. En este momento tienes todas estas cosas ocultas en la oscuridad. Es un excelente caldo de cultivo. Si le arrojas luz, no puede sobrevivir ni controlarte. El pecado es como un montón de cucarachas. En la oscuridad, se meten por todas partes. Entonces prendes la luz y se desesperan por escapar.

Después de hacer eso, forma un plan. Habla con tu pastor de jóvenes o un consejero. Necesitas controlarte, así que busca alguien que no deje que sigas mintiéndote. Debes hacerlo. Es una batalla por tu alma.

¿Y qué sucede con esos que no los controla la masturbación? Bueno, para ustedes la pregunta es esta: ¿Qué sucede en tu cerebro? ¿Qué hacen tus pensamientos? La guía que debemos usar para nuestra vida nos la da el libro de Mateo, el capítulo 5 y versículo 28: «Pero yo les digo que cualquiera que mira a una mujer y la codicia ya ha cometido adulterio con ella en el corazón». Este no es un problema de los ojos. Se trata del cerebro. Y el versículo es muy claro.

La masturbación tiene una conexión sexual. La Biblia es clara en los límites del sexo en sí, pero como dije antes, no dice nada específico acerca de esto. Así que podría clasificarse como un área gris. Y cada vez que entras en este tipo de área gris, debes tener cuidado. Eso significa que cuando se trata de ti y del sexo, hasta la masturbación puede ser un territorio peligroso.

Préstale atención al verdadero asunto: Dios quiere que

¡Ve y pregúntale al abuelo!

Abuelo, escuché que masturbarse hace que te crezcan pelos en las palmas de la mano. ¿Es verdad?

Hijo, ¿por qué crees que siempre uso guantes? (¡Je, je!)... No, en serio, no es verdad. Cuando estaba en el ejército, escuché todas esas cosas. Te hacía crecer pelos en las palmas de las manos, te dejaba ciego, te volvía loco. Todo tipo de cosas. Si fuera verdad, habría habido un montón de soldados ciegos, locos y con palmas peludas corriendo por ahí... eh... un momento, ahora que lo pienso, tal vez era verdad. No, solo estoy bromeando. Ahora, ve y tráele a tu abuelo un poco de compota de manzana.

tengas autocontrol y una mente pura, y que adquieras tu mayor potencial. En lugar de obsesionarte buscando un capítulo y un versículo de la Biblia que te diga si la masturbación es buena o mala, pregúntate: «¿Me controla?» y «¿Qué sucede en mi cabeza?». Contesta esas preguntas con sinceridad. No, en serio, *con sinceridad*.

Se podría decir mucho más acerca del asunto. Sin embargo, no tenemos ni el tiempo ni el espacio para tratarlo todo aquí. Si necesitas más información, habla al respecto con alguno de confianza (también puedes mandarme tus preguntas por correo electrónico). Así que, por ahora, es todo lo que tengo.

Mito #21

• • •

El médico puede decir si has tenido relaciones sexuales o no.

En este caso, la cuestión es el himen. Es un pliegue de tejido que cubre en parte la entrada a la vagina de una virgen y que se rompe con el primer contacto sexual. ¿No es así? Bueno, sí y no. El himen es real. Con todo, se rompe por muchas razones además del sexo. Podría romperse al usar un tampón, al hacer estiramientos, al patinar o quizá por ninguna razón en particular.

Así que el solo hecho de que el himen no esté intacto no significa que la chica haya tenido relaciones sexuales.

Esa es la respuesta física a la pregunta. Luego es necesario que comprendas que la virginidad es más emocional y espiritual que física. El sexo crea una conexión íntima entre dos personas. En realidad, no se trata de una barrera física, sino de una barrera espiritual-emocional de protección que atraviesa el sexo. De repente, con el sexo estás expuesta al rechazo, al dolor y a las inseguridades como nunca antes.

Entonces, ¿puede un médico saber si tuviste relaciones sexuales? De manera física, no. Sin embargo, he hablado con varios médicos que dicen que se dan cuenta. Se debe a que adolescentes a las que han conocido desde que eran niñas comienzan a actuar de forma extraña. No se trata solo de la rareza adolescente, sino que están muy deprimidas y sensibles, y se arruina su autoestima. Y no se drogan. Es más, la Dra. Meg Meeker dice: «En las conferencias pediátricas, muchos de mis colegas informan lo mismo: aumenta el trastorno de estrés postraumático en las adolescentes sexualmente activas». Así que si tu médico está en sintonía con el mundo real y te conoce hace tiempo, es probable que se dé cuenta.

Mito #132

• • •

**No puedes quedar embarazada
ni contraer una ETS si lo
haces rápido o si él no lo
introduce del todo.**

Sí, y no moriré si me atropella un camión mientras que el camión vaya bien rápido. ¡Chis! He aquí un secreto. La velocidad del camión no importa. El problema surge cuando el camión entra en contacto con tu cara.

Traducción estúpida y simplista: Apenas entra en contacto la piel o cualquier fluido de una persona con otra, tienes la posibilidad «Ay, no» como resultado. No importa lo rápido o lo lento que lo hagas ni cuán rápido lo limpies; se trata del punto de contacto. Hacerlo solo una vez podría causar una enfermedad o un embarazo. Es una lotería. ¡Y estás apostando tu vida!

Sabiduría de baño

(¿Por qué tenemos que husmear en los baños a la espera de jugosos chismes? Tenemos hambre. Además, nos echaron de la asociación de jóvenes cristianos).

¡No me gustará!

Le pedimos a un macho de la especie que comente sobre esta sabiduría de baño.

¡Sería mejor que mi esposa disfrutara del sexo! Si no lo hace, debemos estar haciendo algo mal. Dios hizo el sexo y dijo que era bueno. Si no lo fuera, nadie lo practicaría. Así que una mujer casada debe disfrutarlo. Debe participar, experimentar, hacer cosas alocadas, divertirse.

Ahora bien, antes de que salgas corriendo y digas que te dijimos que vayas a tener relaciones sexuales y las disfrutes, comprende que está hablando acerca de las parejas casadas. ¿No es así?

Ah, claro. Si comienzas a tener relaciones fuera del matrimonio, se arruina el sistema. Entonces, una vez que estás allí, el sexo no está mal. Está muy bien.

(Publicidad descarada para los otros capítulos solitarios de este libro: Si quieres disfrutar del sexo al máximo, espera. Lee la REVELACIÓN DE LA FÓRMULA SUPREMA PARA EL SEXO en la página 95).

No me vengas con eso, por favor.

Pregunta a prueba de despistados: Si *ellos* no saben que tienen algo, ¿cómo lo vas a saber *tú*? ¿Qué, solo porque parecen saludables y actúan en forma saludable, deben *ser* saludables?

Un cuerpo bonísimo...
y algo más

Una noche, durante un estudio bíblico para hombres, me quedé pasmado. Estábamos sentados con los muchachos cuando un tipo comenzó a hablar. Era musculoso, alto, atractivo. Oye, estoy lo bastante seguro de mi hombría como para decirte que *estaba bueno*. Tenía uno de esos cuerpos como el de las cubiertas de revistas, con los abdominales marcados, una mandíbula fuerte y una sonrisa superbuena. Y tenía una personalidad que hacía juego. Era el paquete completo.

Este tipo se puso a llorar en medio de todos. Nos dijo que creía que nunca iba a encontrar a alguien que lo amara porque tenía herpes. Bueno, *no era* lo que esperábamos. Este tipo era el prototipo de salud y felicidad, pero tendrá esa enfermedad el resto de su vida.

Rupert, el hurón investigador, dice:

Comprende estas falsedades:

— El 80% de las personas que tienen ETS ni siquiera saben que están infectadas.
— 2/3 de las infecciones se propagan por medio de personas sin síntomas identificables.

Este momento de falsedades fue auspiciado por la gente inteligente que escribió en la Internet el texto sobre microbiología de la universidad del estado de Washington. (Obligan a los hurones a hacer todo su trabajo).

El regalo
del *Príncipe Sapo*

Había una vez una joven princesa que encontró un príncipe sapo. Era tierno al hablar en forma anfibia y pegajosa. Así que decidió romper el hechizo y lo besó. ¡Puf! Este sapo pegajoso se transformó en un príncipe atractivo. Era alto y apuesto y quería más que un beso. Al final, luego de un poco de zalamerías acerca del amor y del futuro juntos, ella cedió. Es decir, ¿por qué no? Después de todo, era un príncipe. No un sapo sucio cualquiera.

Su tiempo con el príncipe fue hermoso, y mientras lo observaba cabalgar hacia el crepúsculo, irradiaba amor. Luego, entre uno y seis meses después de tener relaciones sexuales, se sorprendió al recibir el primero de los muchos brotes de VPH, también conocido como verrugas genitales. (¿Qué otra cosa te contagiaría un príncipe sapo?) Junto con este regalo de amor aparecieron verrugas rugosas en sus órganos sexuales y en el ano. También trajo picazón y ardor allí abajo.

Y como recuerdo de su relación juvenil, puede conservar estas verrugas toda la vida, porque no hay cura. No podía creer que le hubiera sucedido hasta que le escuchó decir a la fundación Kaiser Family que hay más de cinco millones de casos nuevos por año.

De vez en cuando, la doncella ve al príncipe en la clínica real. Aquí consigue una crema tópica y a veces hasta tienen que aplicarle nitrógeno líquido para quitarles las verrugas con frío. Alguna que otra vez les quitan grupos de verrugas mediante procedimientos quirúrgicos y, sin embargo, otras veces no presentan ningún síntoma. Aun así, no significa que desaparecieran, porque vivirán verrugosos para siempre.

• • •

Si contraes una ETS, da lo mismo si tienes relaciones sexuales sin protección porque no tienes nada que perder.

La revelación de la fórmula SUPREMA para el sexo

Se ha descubierto el secreto para un sexo maravilloso y ahora está disponible en forma directa para ti. En medio de cremas para aumentar los senos, spray para la virilidad y todo tipo de suplementos de aumento masculinos que puedas imaginar, se ha descubierto la fórmula SUPREMA para el sexo, y te la daremos GRATIS para tu uso personal.

Fórmula básica
1 hombre + 1 mujer x 1 compromiso matrimonial
= sexo fabuloso

Fórmula avanzada
1 hombre virgen + 1 mujer virgen x 1 compromiso matrimonial = sexo SUPREMO

Sí, así es. De acuerdo con la investigación presentada por Glenn T. Staton en *Why Marriage Matters Series: N.º 2*, las personas más satisfechas con su vida sexual no son las maníacas sexuales solteras, sino las parejas casadas. Y la mayor satisfacción sexual de todas se informó por parte de los que se casaron vírgenes.

Así que el secreto para el incremento sexual SUPREMO es esperar. Posterga los juegos sexuales hasta que te cases, y entonces prepárate para la EXPERIENCIA SEXUAL SUPREMA.

dice...
•La encuesta

¿Desearían los jóvenes haber esperado para tener relaciones sexuales?

En nombre de los descubrimientos científicos, de la sabiduría antigua y de la falta de amigos, nos embarcamos en una búsqueda para averiguar si el sexo era tan bueno como dicen y por qué. Luego de muchas horas de investigación, numerosas bofetadas y un par de órdenes de restricción, decidimos adoptar un enfoque más sensato y preguntarle a los expertos. No recibían nuestras llamadas aunque cambiamos la voz *(¡maldito identificador de llamadas!)*, así que nos volcamos a la Internet. Y encontramos algunas noticias jugosas.

De acuerdo con la campaña nacional para prevenir el embarazo adolescente, alrededor del 67 al 81% de los adolescentes que tuvieron relaciones sexuales desearían haber esperado. Sí que son muchos los que cambiaron de idea.

Para tener una imagen clara de la verdad, vuelve a los hallazgos de «Llamado para todos los vírgenes», donde se informó que alrededor de la mitad de todos los adolescentes han tenido relaciones sexuales y la otra mitad no. Junta estas piezas y fíjate cómo queda el rompecabezas. Como aprendo de manera visual, insertaré un gráfico aquí:

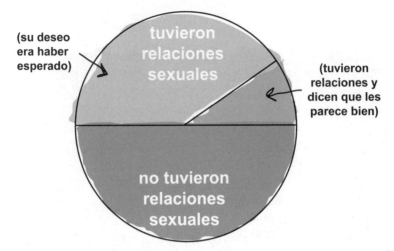

(su deseo era haber esperado)

tuvieron relaciones sexuales

(tuvieron relaciones y dicen que les parece bien)

no tuvieron relaciones sexuales

¿Por qué hay un grupito tan pequeño de adolescentes locos por el sexo? Bueno, encontramos la respuesta con la doctora más genial que conociéramos jamás. Es la Dra. Meg Meeker. Ya ha estado en esto de los doctores durante mucho tiempo, y ha estudiado acerca de lo que el sexo les hace en realidad a los adolescentes.

Dijo que la gran razón (en jerga médica significa «razón principal») de la depresión que viene con el coito es lo que llama las ETS emocionales. Así que decidimos tratar algunas de las más contagiosas y peligrosas de las ETS-E.

Depresión

El mayor efecto secundario del sexo adolescente es la depresión. ¿Qué quiere decir? La depresión es solo el rótulo que le asignan a un sabor negativo que surge en lo más profundo de una persona. Por supuesto, si eres como yo, tendrías que comer con cucharas de plástico por tu propia protección.

Además, preguntarías si todo esto de la conexión entre el sexo y la depresión no es más que basura inventada para asustar a los adolescentes y lograr que no tengan relaciones sexuales. Pero oye, es tan real que la Dra. Meg dice: «Examino a todos los adólescentes sexualmente activos para ver si están deprimidos». A todos. Es así de real.

Es más, la fundación Heritage acaba de descubrir un dato súper sexuado. Descubrieron que hay una conexión directa A + B = C entre el sexo adolescente y la depresión. También dijeron que existe una conexión importante entre el sexo adolescente y el suicidio. Todo esto es real. Y es una verdadera zona de impacto y destrucción.

Rechazo

El sexo expone a una persona a un rechazo importante. Estás del todo expuesto en lo físico, emocional y espiritual. La otra persona puede destruirte en un instante; en especial si no estás dentro de un matrimonio comprometido y seguro.

Fíjate. Cuando las personas comienzan a tener relaciones sexuales, se hacen vulnerables. Buscan aceptación. Esperan saber que pueden satisfacer a otro, y al hacerlo, alimentar su ego para tener una mejor imagen de sí mismos. Pero mira: Tienes a dos personas que no están comprometidas por completo a ayudarse entre sí, a transformarse en lo que Dios quiere que sean. Arrojan la ropa con pasión y luego el tipo te mira y dice: «¿Qué son esos hoyuelos? ¿Es celulitis?» o «Pensé que tus pechos eran más grandes». O podemos dar vuelta al libreto. Muchachos, lo único que les importa es saber que son hombres de verdad y lo probarán al tener relaciones con una chica. De la manera más masculina y primitiva, te bajas los pantalones, y ella suelta una *risita tonta*. O incluso antes de empezar a tener relaciones, ¡huy!... acabaste. Son unas pocas de las cosas que podrían suceder y que te harían ir a toda marcha en la autopista del rechazo.

Traición

Esta ETS-E es una asesina de adolescentes, de amistades y de vidas, y se manifiesta de muchas maneras. La forma más común de contagio de esta ETS-E poco popular se da cuando alguien se abre a este momento sexual íntimo con la esperanza de que la otra persona respete y proteja lo que sucedió entre ellos. Luego, al día siguiente en la escuela, la gente comienza a hablar al respecto. Y enseguida sabes que no se trata solo de un rumor, porque están hablando de cosas específicas. Sí, te sentirás traicionado. Y parte de ti se romperá en pedazos.

Otra zona de infección de la traición es la de «te amo, te dejo». Ocurre demasiado a menudo. Luego de salir durante un tiempo, dos personas intiman más y deciden hacer lo que *creen* que sea, como es natural, el próximo paso y tienen relaciones sexuales. Casi al instante uno de los dos (por lo general, el chico) se asusta y huye de la relación. La chica se queda con la culpa y el dolor, sintiéndose del todo traicionada... ¡porque la traicionaron!

Culpa

La mayoría de las veces, la culpa es un efecto secundario natural de hacer algo malo. Y junto con el sexo, se despliegan múltiples posibilidades de culpa. La culpa que surge al exponerte y dar una parte de ti a alguien que no está comprometido contigo. La culpa de ir en contra de Dios. La culpa asociada con la desilusión de los padres.

Sin embargo, no te confundas. No significa que la culpa sea mala; porque tiene un propósito. Al parecer, la culpa tiene que hacer que te detengas y pienses en lo que haces y en lo que sucede en realidad. Sin embargo, hay dos energías negativas que pueden venir junto con la culpa:

Maratón de culpa: El Enemigo intentará que recuerdes una y otra vez que te equivocaste. Te dirá que Dios ya no te ama tanto porque eres mercancía dañada. Oye, ese es Satanás que intenta meterse en tu cabeza y destruirte. ¿Por qué crees que Pablo nos dijo que nos pusiéramos el casco de la salvación? Sabía que Satanás atacaría nuestra mente.

Cuando lidiaste con tu error (se lo confesaste a Dios y dejaste que te perdone), fue suficiente. Así que cuando llegue la culpa tardía, solo haz un alto y concéntrate en Dios. No luches con los sentimientos de culpa, porque eso significa que les prestas atención. No lo hagas. Solo concéntrate en Dios y menciona algunas de sus cualidades tan geniales.

Escudo contra la culpa: Otro problema serio surge cuando las personas dejan de sentir la culpa. Algunas personas te dirán que dejes de comportarte como un bebé o que la culpa se desaparecerá en poco tiempo y que todo estará bien. Y es verdad, puedes dejar de sentir la culpa. Sin embargo, eso no significa que todo esté bien. A decir verdad, está peor. Llegas a parecerte a alguien que no puede sentir la mano mientras la tiene apoyada en el fuego. El solo hecho de que no sienta el dolor no significa que todo esté bien. Es más, cuando la infección de la herida comience a penetrar, el dolor y los problemas serán incluso peores. Solo porque ya no sientas culpa acerca del sexo no significa que todo esté bien. Significa que cuando al fin explote, tu corazón y tus emociones heridas sufrirán una infección desagradable.

Inseguridad

El sexo adolescente no puede de ninguna manera darte una seguridad completa. En el cuadro de anatomía de las relaciones, el componente básico y esencial del que dependen todas las cosas séxuales es una aceptación y un compromiso totales: es decir, el matrimonio. Y con esto del matrimonio, ya no te perteneces. Le perteneces a tu cónyuge y tu cónyuge te pertenece. No en una forma esclavizante. Se trata más bien de una energía positiva franca, entregada, comprometida. En el compromiso hay sentido de propiedad. Fuera del matrimonio, se parece más a un alquiler.

Fracaso del sexo alquilado

Todo el mundo sabe que las personas maltratan los autos alquilados. ¿Por qué? Porque no son suyos. No les pertenece. Así que se llevan por delante cualquier cosa. Los bordes de las aceras. La basura de la calle. Pequeños ponis de circo. Cualquier cosa. Entran a un auto económico de dos puertas, del tamaño de una caja de fósforos, y conducen como si fuera una mezcla de un auto de carreras NASCAR y un camión enorme. Además, la gente alquila autos que nunca comprarían en la vida. Lo utilizan mientras lo necesitan, lo devuelven y se van.

En realidad, un auto alquilado cuesta mucho más que uno propio. Saca la cuenta: Digamos que el auto alquilado cuesta cincuenta dólares por día. Lo alquilas durante treinta días. Tu pago mensual por el auto es de mil quinientos dólares. Así que cada vez que alquilas, realizas una inversión importante.

Traducción del sexo alquilado

El sexo sin el matrimonio es como un auto alquilado. La gente te usará. Te llevará por ahí. Y luego, no tendrá problema al deshacerse de ti. ¿Por qué? Porque no hay compromiso. No hay propiedad.

Sí, mientras la relación resulta, parece valiosa, que inviertes mucho. Sin embargo, se dan vuelta y se van. Es sencillo.

Además, entiende que así como las personas alquilan un auto que nunca comprarían, muchas personas tienen citas y relaciones sexuales con gente con la que nunca se casarían.

El valor viene junto con la propiedad. La propiedad viene junto con el matrimonio. Nunca puedes sentirte seguro si te alquilan.

Todo el mundo quiere casarse con una virgen, pero no quieren ser novios de una.

un filósofo del instituto

Factor desilusión

Otra parte del sexo adolescente es el factor desilusión. La sociedad y los medios nos preparan para el fracaso sexual. Se nos prometen muchas cosas relacionadas con el sexo. Emoción, pasión, belleza, satisfacción. No obstante, para la mayoría de las personas con las que hablo, el sexo es más bien una desilusión. Decepción, vergüenza, insatisfacción.

El problema es que muchas personas conectan mal los puntos. Cuando llegan a la escena del sexo, saben que hay algo que anda mal. Entonces, en lugar de pensar que lo que está mal es tener relaciones sexuales sin la propiedad del matrimonio, creen que hay algo mal en ellos. Así que recurren al sexo una y otra vez en el intento de arreglar lo que está mal en ellos. Con todo, siempre obtienen el mismo resultado. Nunca se detienen y piensan: «Tal vez no sea yo, sino el sexo». Esto solidifica su inseguridad y alimenta su depresión.

Y una cosa más: Si el sexo fuera igual al que se presenta en la televisión, el mundo se detendría. El mundo estero estaría en casa al lado del fuego, haciendo el amor hasta el mediodía. Respuesta equivocada.

Depreciación

Pongámonos cromosómicos un momento. Los humanoides están hechos con la necesidad automática de proteger el cuerpo. Es valioso y se considera importante, aunque solo sea porque alberga cosas como riñones, corazones y cerebros. Algunas cosas importantes. Así que hay un instinto natural de proteger el cuerpo.

Cuando el sexo sucede como algo casual, comienza a ocurrir una depreciación automática. El cuerpo queda expuesto y usado y la mente tiene que hacer algo. Aquí tenemos un cuerpo que debía ser un bien muy preciado y que se prestó para darle placer a otros. Por lo tanto, la mente supone que el valor del cuerpo debe haber bajado. De esta manera, la mente puede justificar que el valor concuerde con las acciones. Y lo retorcido de todo esto es que muchas personas comienzan a tomar decisiones que les arruinan la vida, y no saben el porqué. Les dicen a todos qué es lo que quieren hacer. Pero en realidad, se debe a que se perciben como basura, así que comienzan a tratarse como si fueran basura.

Desconexión de Dios

La entrada en la escena sexual te desconecta por completo de Dios. No es que Él se aleje corriendo de ti ni que te odie. Es que tú te alejas de su lado. Él no se movió. Su

Escritura ungida nos dice que Él es constante. Es el mismo ayer, hoy y por los siglos. Así que lo que sucede es que cuando comienzas a tener relaciones sexuales, le das la espalda a Dios. Y no puedes mirar hacia dos direcciones opuestas a la vez. Es imposible de manera física y espiritual.

Así que depende de ti. Puedes seguir viviendo fuera de lo que Dios ha dicho y perderte lo que quiere darte. O puedes volver a conectarte con Él y dejar que resuelva los problemas a tu lado y te dé todo lo que tiene para ti.

Las ETS emocionales son reales. Pueden ser aun más peligrosas y destructivas que las físicas. Afectan a muchísimas más personas que todas las enfermedades físicas de transmisión sexual combinadas. Si estás pasando por esto, debes saber que será difícil. Tendrás que abrirte paso en medio de toda la porquería y las arenas movedizas para llegar al otro lado. Aun así, puedes hacerlo. Permanece cerca del Creador, que sigue esperándote. Y saldrás de esto con mucha más fuerza que nunca.

Si salgo embarazada, seguiré adelante, terminaré la escuela y mi vida continuará según lo planeado.

No hay vuelta atrás

Cometí un gran error y tuve relaciones sexuales. ¿Significa que mi vida está arruinada? ¡Auxilio!   Rachel B., 16 años

¡Por supuesto que no!

Tu vida no está arruinada. Es verdad, nunca podrás deshacer lo que hiciste. Es como si fueras a practicar paracaidismo. Una vez que lo haces, nunca podrás volver atrás. Sin embargo, se trata de una cosa en tu vida. Así como el paracaidismo no cambiará ni arruinará por completo tu vida (a menos que te estrelles), este incidente único no ocupará todos tus pensamientos y controlará tu vida a menos que te hayas estrellado (un embarazo o una enfermedad). Si fuiste lo bastante afortunada como para resultar más o menos ilesa, es hora de seguir adelante.

Comprende que quizá tengas que superar algunos obstáculos. Tendrás que enfrentar a Dios. Tendrás que dejar que fluya la energía positiva del perdón. Deberás recordar que la virginidad está más ligada a lo espiritual y lo emocional que a lo físico. Corre a Dios.

...Bien, aguarda. Estaba a punto de darte varias frases trilladas del tipo que se dicen en las iglesias para que te sientas mejor. Parecerían buenas, pero no te ayudarían en realidad. En su lugar, vayamos a la cruda verdad acerca de cómo superar todo esto.

Vayamos por pasos. Tuviste relaciones sexuales. Ahora te das cuenta de que fue un error. ¿Qué harás al respecto?

> **Pero recuerden esto: Los malos deseos que les hayan sobrevenido no son ni nuevos ni diferentes. Muchísimos han pasado exactamente por los mismos problemas. Ninguna tentación es irresistible. Puedes estar confiado en la fidelidad de Dios, que no dejará que la tentación sea más fuerte de lo que puedes resistir; Dios lo prometió y jamás falta a su palabra. Ya verás que te muestra la manera de escapar de la tentación, para que puedas resistirla con paciencia.**
>
> el apóstol Pablo,
> 1 Corintios 10:13, LBD

Ora. Esta parte es entre tú y Dios. Cuéntale todo. El apóstol Pablo nos dice que junto con la tentación, Dios nos da una salida y que todo lo que debemos hacer es tomarla. Así que admítele a Dios dónde obviaste por completo tu salida. Respira hondo, cierra los ojos y dile con exactitud lo que sientes. Si te conectas mejor con la escritura, escribe tu oración. Dile a Dios que estás arrepentido de verdad y que necesitas que te perdone. Si nunca antes oraste o si no estás seguro de la clase de relación que tienes con Dios, lee la sección «¿Tienes a Dios?» y asegúrate de estar preparado.

Jesús murió por todo esto. Necesitas entenderlo. Así que vas a hacer lo siguiente. Usarás tu imaginación. Cierra tus ojos y camina hacia la cruz. Puedes ver a Jesús sobre ella o solo la cruz, lo que más te guste. Quiero que te acerques con una hoja de papel en la mano. En esa hoja se encuentran todas las cosas por las que te sientes mal. Todas las cosas que hiciste para desilusionarte, para desilusionar a Dios, todo. Camina hacia la cruz y clava esa hoja allí. Jesús murió por eso. Así que hazlo. No te llevará mucho tiempo.

Ahora déjala allí. Lo digo porque el Enemigo intentará decirte que eres mercancía dañada y que así te ve Dios. Cuando aparezcan estos pensamientos, di en voz alta: «¡No! Ya lo clavé en la cruz». Y que en tu mente aparezca el papel clavado en la cruz.

Acepta el perdón.

Dios te ha perdonado, así que es hora de que lo aceptes. Cuando te niegas a aceptar el perdón y dices: «No puedo perdonarme», te impones normas más altas de los que te impone Dios, como si Él no fuera lo suficiente bueno para ti. No te pongas dramático al estilo de un mártir. No hará que te perdone más, porque ya perdonó todo. Ya está hecho.

Tal vez creas que mereces que te castiguen o que no tienes valor. Y de alguna manera, es probable que así sea, porque es el caso con todos nosotros. Oye, no te estoy señalando, es lo que dice en Romanos 3:23: *«Pues todos han pecado y están privados de la gloria de Dios»*. Ninguno de nosotros se merece estar vivo porque estamos llenos de pecado. Aun así, no le restes importancia a la muerte de Cristo en la cruz, como si no bastara para cubrir tus pecados. Por eso murió. No eres un caso tan horrible y trágico que Dios no puede perdonar.

No actúes como si Él no fuera lo suficiente grande. Lo es. Acéptalo.

Suelta la culpa. Si estás esparciendo culpa y guardando amargura por lo que sucedió, adivina qué: es hora de soltarlo. Lo primero que debes hacer es pensar a quién tienes que perdonar. ¿Quién es? ¿La persona con la que tuviste relaciones sexuales? ¿Tus padres? No lo sé, tal vez los culpes por dejarte hacerlo. ¿Dios? Anota todas las personas con las que estás enojado o molesto. Cualquiera que creas que debes dejar de culpar.

Bueno, estás a punto de orar para deshacerte de la basura a la que estás aferrado. Debes dejar de culpar a todos los de tu lista de inmediato, o el dolor se transformará en amargura y te destruirá.

No hace falta que te sientas mucho mejor; no se trata de los sentimientos, se trata de decidir liberarlos de cualquier cosa que creas que te deban. Así que aquí vamos. Esto es lo que vas a orar por todos los que necesitas perdonar. Incluso a ti mismo.

• • • • • •

Padre celestial, perdóname por haberle guardado rencor a (nombre de la persona). Decido ahora mismo perdonar a (nombre de la persona) de corazón por todas las cosas que me hizo. Lo suelto. No me debe nada; está libre de deudas. Lo entrego en tus manos. Ahora libera tu amor en mí. Sé que no puedo hacerlo solo, así que deja que tu perdón y tu amor fluyan a través de mí hacia esta persona. En este momento, como me dice tu Palabra, te pido que esta persona reciba tus bendiciones en el nombre de Jesús. Amén.

• • • • • •

Ahora, vuelve atrás y ora por cada persona a la que hayas culpado. Termina con eso a fin de poder enfocarnos en la tarea de volver a comenzar.

Cuéntalo. No, no quiero que salgas corriendo a contarles todo a tus amigos. Busca a alguno de tu confianza. Un adulto que creas que tiene una relación excelente con Dios. Siéntense y cuéntaselo. Confiesa. Santiago, el hermano de Jesús que es el Cristo, escribió en su carta (5:16) que debemos confesar nuestros pecados y orar unos por otros para poder sanar.

Contárselo a Dios consigue el perdón. Contárselo a otros consigue nuestra sanidad. Verás, Cristo no quiere que solo recibas perdón, quiere que sanes. Por completo. Así que cuéntale todo a esta persona en la que confías y permítele que ore por ti. Eso te encaminará hacia una absoluta completitud. Tu virginidad física desapareció, pero Dios quiere restaurar tu virginidad emocional y espiritual.

Llena el vaso. Tu vida es un vaso. Lo llenas con todo tipo de cosas. Lo que acaba de suceder es que, mediante la gracia del Salvador, Dios te dio otra oportunidad. Vació toda la basura de tu vaso, lo lavó y lo secó. Ahora tu vida será lo que decidas echar en tu vaso.

Algunas sugerencias ocurrentes: ora, lee la Biblia, únete a una iglesia, mete las Escrituras en tu cabeza. La pregunta es: *¿Cómo?* Bueno, hay muchas maneras de averiguar acerca de estas cosas. Libros, casetes, un líder de jóvenes; pregunta e indaga sin cesar acerca de la manera de hacer estas cosas. Lo único que debes hacer es buscarlo. Y al igual que la verdad que todos hemos escuchado: «Busquen, y encontrarán».

Tuviste relaciones sexuales. No puedes hacer nada al respecto.

Volver a hacerlo depende de ti.

Las 10 principales razones para NO tener relaciones sexuales

10. Contraes más que un resfriado
9. Los chicos lo contarán
8. Pañales con caca
7. Culpa, culpa y CULPA
6. Todavía vives con tus padres
5. Rechazo
4. Llamado a *hablar*
3. Guarda tu corazón
2. Dios lo dice
1. Los casados vírgenes lo hacen mejor

Rupert, el hurón investigador, dice:

Comprende estas falsedades:

Digamos que tuviste relaciones sexuales a los 15 años y luego te comprometiste a permanecer en pureza y lo lograste. La edad promedio para casarse es 25 años. Tuviste 10 años de pureza. Son 10 años en los que Dios sana tu espíritu y tus sentimientos. ¡Oye, estás puro!

Los medios no influyen para que la gente tenga relaciones sexuales.

Una razón importantísima por la cual los adolescentes comienzan a tener relaciones sexuales es la búsqueda de significado, trascendencia y pertenencia. Es una búsqueda de Dios. No estoy cantando una canción cristiana para intentar convencerte. La ciencia lo prueba.

Fíjate. Acaba de salir un estudio que está tan fresco que todavía tiene ese aroma a auto nuevo. Pertenece a la escuela de medicina Dartmouth, y se llama *Genéticamente programados para conectarse*. Más adelante, léelo. Dice que la experiencia espiritual está arraigada en lo más profundo del cerebro humano.

Esto tiene mucho sentido. Verás, Dios decidió otorgarnos el libre albedrío. Podemos decidir lo que hacemos y cómo vivimos. El plan supremo de Dios es que lo amemos y que dejemos que nos ame. Quiere que nos conectemos con Él, pero no nos obliga. No se apropia de nuestro libre albedrío para decidir. **Así que hizo esto:** Programó a los humanos con una necesidad de preguntar: «¿Por qué estoy aquí?». «¿Cuál es el propósito de la vida?» «¿Qué sucederá cuando muera?» «¿Cómo debiera vivir?» Hizo que nos preguntemos estas cosas porque Él es la respuesta. Hace todo lo posible por impresionar, convencer, amar y enamorar a las personas para que encuentren las respuestas en Él. Sin embargo, no los obliga.

Dios tiene las respuestas para esas preguntas, pero hay un problema para acercarse y jugar a las preguntas y respuestas con el Todopoderoso. El problema es que no puedes llegar a Él. Es más, Jesús, el Hijo de Dios, dijo: «Nadie llega al Padre sino por mí». Jesús es el único camino para llegar a Dios. Por lo tanto, Jesús es la única manera de obtener las respuestas para esas preguntas que están tan entretejidas en nuestra humanidad.

Sé que para algunos de ustedes todo esto es puro blabla-blá. Así que sinteticémoslo para los que son prácticos.

> Los humanos están programados para buscar significado.
>
> Dios tiene las respuestas para nuestras preguntas.
>
> La única manera de alcanzar a Dios y las respuestas es por medio de Jesús.

Vayamos a la Fuente. Es hora de abandonar el juego y comenzar a vivir al máximo. Así funciona: Solo oras y le pides a Dios que te salve. Sencillo. Si ya lo hiciste, sigue adelante a toda marcha. Pero para los que no lo hicieron o no están seguros, así son las cosas. Vas a hablar con Dios. Él puede escucharte. Solo di algo como esto:

> *Dios, sé que me equivoqué. Soy un pecador. No tengo forma de acercarme a ti. Aun así, creo que Jesús fue tu Hijo, que murió en una cruz para pagar por todas las cosas malas que he hecho y que se levantó de entre los muertos y venció a Satanás. En este momento, te entrego mi vida. Ya no me pertenece, sino que es tuya. Quiero que seas el Guía y el Señor de mi vida. Gracias por salvarme del infierno y librarme de mis errores. Y gracias por darme una nueva vida y una nueva oportunidad.*

Si acabas de hacer esto, es necesario que comprendas de verdad lo que acaba de suceder. Antes, eras un extraño. Podías ver a Dios o sentir que estaba cerca, pero caminabas alrededor de la cerca y no lograbas entrar. Entonces ahora eres un miembro de la familia. No solo puedes estar en el mismo lugar que Dios cuando mueras, sino que acabas de obtener un pase ilimitado hacia Él. Puedes hablar con Él cuando quieras. Eres su hijo. Su hijito. Hará lo que sea para cumplir todos tus sueños. ¿Por qué? Porque comenzará a influir en tu manera de soñar. Si continúas conociéndole, te revelará lo que hay en su corazón. Sabrás de primera mano lo que quiere que hagas, el porqué estás aquí y cómo debieras vivir.

Ahora bien, algunos de ustedes se han alejado de Dios por completo. Eres cristiano, pero nadie se daría cuenta si te mirara y observara tu forma de actuar. En verdad quieres cambiar, pero no sabes por dónde comenzar. Bien, he aquí la manera. Tienes una charla con Dios y le dices algo como esto:

Padre, te he dado la espalda, lo siento. Quiero volver. Confieso que (completa el espacio con todas las cosas que requieran perdón). Gracias por perdonarme. Te entrego el control de mi vida. Dame la fuerza para permitirte que lo tengas y no volver a tomarlo. Gracias por amarme y por recibirme de nuevo.

Todos podemos hacer q'haya fiesta en el cielo

¡En este momento, hay una fiesta en el cielo! ¿Recuerdas la historia de la Biblia acerca del hijo que se fue y que gastó todo el efectivo y que luego volvió a su papá y le pidió que lo dejara trabajar para él como sirviente? El papá lo abrazó e hizo una fiesta increíble porque su hijo había vuelto a casa. Es lo que está sucediendo en tu honor ahora mismo.

Si hiciste alguna de esas oraciones, quiero que hagas lo siguiente. En primer lugar, ve a contarlo. Consigue un líder de jóvenes, otros amigos cristianos, alguno de la iglesia y cuéntales lo que hiciste. Pídeles que te ayuden a fin de que logres seguir avanzando y te transformes en el diseño de Dios para ti. Luego, entra a www.RUdateable.com y dinos lo que sucedió. Cuéntanos para que podamos orar por ti.

Las respuestas a todas tus preguntas puedes encontrarlas en Dios. Él es la razón de tus preguntas y la fuente de tus respuestas. Sigue con Él y Él seguirá contigo.

Flash-back estadístico:

Los síntomas

de una ETS

tardan entre dos días

y muchos años en aparecer.

Mito #2.354
• • •

Este es el libro más genial de todos.

(No podemos afirmar que sea el más genial de todos; hay unos cuantos más que pueden competir por ese título. Más abajo encontrarás algunos).

Está

todo

dicho

Lo lograste. Llegaste al final de *Lo sucio sobre el sexo*. Tal vez aprendieras algo nuevo. Tal vez obtuvieras algo de poder. O quizá te ofendieras. Aun así, recibiste la verdad.

No queremos dejarte colgado aquí. Si tienes preguntas o quieres hablar con alguien para desahogarte, ven a conectarte con muchos otros como tú en www.RUdateable.com. No tenemos todas las respuestas, pero podemos ayudarte a resolver tus cosas, a dirigirte por el buen camino o solo sentarnos y escucharte.

Entiende esto: Tú eres importante. ¡Créelo! Eres amado y amoroso. Sin importar lo que hayas hecho o no hayas hecho. Sin importar cómo te sientas o cómo no te sientas. Eres valioso y también lo es tu cuerpo. Protégelo y estarás preparado de verdad para el *noviazgo*.

Justin Lookadoo: el nombre lo dice todo. Seamos sinceros, es un personaje. Sin embargo, incluso los personajes pueden tener algo importante que decir, y Justin es lo bastante filoso como para cortarte el corazón y servírtelo en bandeja. Tiene la increíble capacidad de tomar una verdad sencilla y hacerte decir: «Obvio, ¿cómo no lo había pensado?». Y con esta verdad sencilla, revolucionará tu mundo.

Justin ha estado haciendo este tipo de cosas por etapas en estos últimos doce años. Sí, desde que era un cachorrito. Trabajó como asistente social encargado de jóvenes en libertad condicional durante cinco años y medio en la parte más dura de Tejas. Y hace unos años dejó la tarea de la cárcel para recorrer los Estados Unidos hablando en escuelas públicas y en conferencias de liderazgo, como las de MADD, DARE y FFA. Habla en todos los Estados Unidos, así que si quieres que vaya a tu escuela o iglesia, visita su sitio Web para más información. Con algo de suerte, algún día llegarás a ver al chico alto en persona y le permitirás que te «lookadee».

Mientras tanto, lee uno de sus tantos libros allí afuera. En *Step Off, The Hardest 30 Days of Your Life*, escribió sobre los treinta días más difíciles de tu vida. Y sí que lo son. No intentes leerlo a menos que estés preparado para esforzarte al máximo en la aventura más alocada que tuvieras jamás. También escribió *Extreme Encounters*, un devocional de un año de duración que no te regaña tanto como el anterior. Ah, sí, también está *Ask Hayley/Ask Justin*, un libro alucinante que contesta todas esas preguntas extrañas que puedes tener acerca del noviazgo, del amor, de las relaciones sexuales y del sexo opuesto. Y no olvides los éxitos de librería *Noviazgo: ¿Están preparados?* y *The Dateable Rules*.